교과서가 쉬워지는

용어 한국사 600

1
고대

MiraeN 아이세움

교과서가 쉬워지는 **용어 한국사 600**

용어로 이해하고 그림으로 기억하는 한국사입니다

• 쉽게 이해되는 역사 용어
한국사 용어는 과거에 사용한 것들이어서 지금은 쓰지 않는 단어나 뜻을 모르는 한자어가 많습니다. 이 책은 낯설고 어려운 역사 용어를 쉽고 간결하게 설명하여 학생들이 명쾌하게 이해하도록 했습니다.

• 강렬한 인포그래픽 이미지
사진과 그림은 메시지를 효과적으로 전달합니다. 이 책은 학생들이 해당 주제를 직관적으로 이해하도록 인포그래픽 방식을 구사합니다.
이런 방식은 지식의 핵심을 강렬하게 전하여 교육 효과를 높이고 오래 기억되도록 합니다.

빗살무늬 토기

빗살 같은 줄이 새겨진 신석기 시대 그릇입니다

신석기 시대 사람들이 흙으로 빚어 만들었습니다.
머리빗의 살처럼 가는 선들이 새겨져서 빗살무늬 토기라고 하지요.
흙으로 빚은 그릇을 불에 구울 때 갈라지지 않도록 무늬를 새겼다고 해요.
신석기 시대 사람들은 이 토기에 음식을 조리하거나 식량을 담았어요.
강가나 바닷가에서 많이 발견됩니다.

틀린 곳을 맞게 고쳐 쓰세요.
• 빗살무늬 토기는 구석기 시대 그릇입니다. (　　　)
• 구름무늬 토기에 음식을 조리하거나 식량을 담았습니다. (　　　)
• 빗살무늬 토기는 산꼭대기나 바닷가에서 많이 발견됩니다. (　　　)

□□□□ □□는 빗살 같은 줄이 새겨진 신석기 시대 그릇입니다.

14

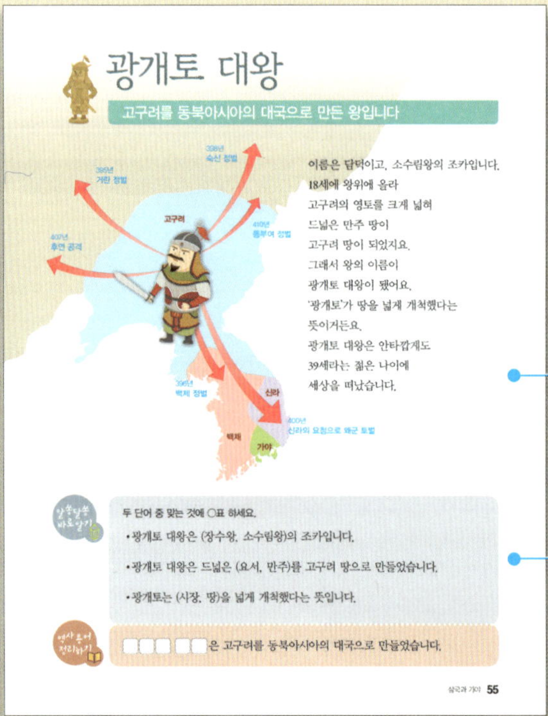

광개토 대왕

고구려를 동북아시아의 대국으로 만든 왕입니다

이름은 담덕이고, 소수림왕의 조카입니다.
18세에 왕위에 올라
고구려의 영토를 크게 넓혀
드넓은 만주 땅이
고구려 땅이 되었지요.
그래서 왕의 이름이
광개토 대왕이 됐어요.
'광개토'가 땅을 넓게 개척했다는
뜻이거든요.
광개토 대왕은 안타깝게도
39세라는 젊은 나이에
세상을 떠났습니다.

두 단어 중 맞는 것에 ○표 하세요.
• 광개토 대왕은 (장수왕, 소수림왕)의 조카입니다.
• 광개토 대왕은 드넓은 (요서, 만주)를 고구려 땅으로 만들었습니다.
• 광개토는 (시장, 땅)을 넓게 개척했다는 뜻입니다.

□□□ □□은 고구려를 동북아시아의 대국으로 만들었습니다.

삼국과 가야 55

• 배경지식과 학습의 통합
학습은 배우는 '학(學)'과 익히는 '습(習)'의 통합입니다. 배워서 깨치더라도 학습자 스스로 자신의 것으로 만드는 노력이 따라야 합니다.
이 책은 설명과 이미지로 배운 한국사 지식을 학생이 곧바로 자신의 것으로 축적할 수 있도록 구성했습니다.

• 집중력과 정확성을 높이는 확인 학습
확인 학습은 [알쏭달쏭 바로 알기]와 [역사 용어 정리하기]로 구성하였습니다.

알쏭달쏭 바로 알기는 틀린 내용을 학생이 직접 수정하도록 했습니다. 내용의 오류를 찾는 학습법은 흥미를 유발하고 학생들의 집중력을 높입니다. 그리고 스스로 수정하는 과정은 정확한 지식을 오래 기억하게 합니다. 문제 유형은 총 3가지로 '틀린 곳 고치기' '선택하기' '정오 구분하기'입니다.

역사 용어 정리하기는 해당 주제의 핵심을 다시 한 번 정리하며 학습을 마무리하도록 합니다.

교과서가 쉬워지는 용어 한국사 600

지식과 학습이 통합되는 한국사입니다

•교육 과정과 연계한 주제 선정
한국사 초등 교육 과정의 핵심 주제를 망라하여 교과 내용을 보충하거나 조사할 때 도움이 되도록 구성했습니다. 또 시대 이해에 필수적인 주제는 중고등 교육 과정을 참조하여 추가했습니다. 이는 초중고로 이어지는 한국사 연계 학습에 유용하며 각종 한국사 평가에 대비하는 능력을 키워 줍니다.

•한국사를 꿰는 600가지 핵심 용어
한국의 역사는 길기 때문에 인물, 사건, 제도, 유물 유적, 전문 용어가 많습니다. 이 책은 한국사 공부에 필수적인 핵심 주제 600가지로 한국사 전체를 이해하도록 돕습니다.

•집중과 선택이 수월한 학습자 맞춤형
고대부터 근현대까지 총 6권으로 구성하여 초등 한국사는 물론 중학교 역사 학습의 기초가 되게 했습니다. 학교 진도에 맞추어 활용하거나, 집중 기간을 정해 일정 분량씩 순차적으로 학습할 수 있습니다. 그리고 학생의 흥미나 관심에 따른 주제 선택도 가능합니다. 한편 배경지식과 확인 학습 꼭지는 학생의 필요에 따라 각각 다양하게 활용할 수 있습니다.

차 례

1 선사 시대

2 고조선과 여러 나라

3 삼국과 가야

4 통일 신라와 발해

선사 시대

구석기 시대

뗀석기

점말 동굴

주먹도끼

신석기 시대

간석기

빗살무늬 토기

가락바퀴

1

선사 시대

갈판

움집

서울 암사동 유적

청동기 시대

청동기

민무늬 토기

반달 돌칼

울산 반구대 바위그림

선사 시대

역사를 문자로 기록하기 전의 시대입니다

선사는 한자로 먼저 선(先), 역사 기록 사(史)입니다.
'역사 기록을 하기 전'이라는 뜻이에요.
기록이 없으니 흔적이나 물건으로 그 당시 사람들의 삶을 추리하는데,
고고학자가 이런 일을 합니다.
선사 시대는 도구에 따라 구석기 시대, 신석기 시대, 청동기 시대로 나누어요.
문자로 기록을 남긴 시대를 역사 시대라고 해요.

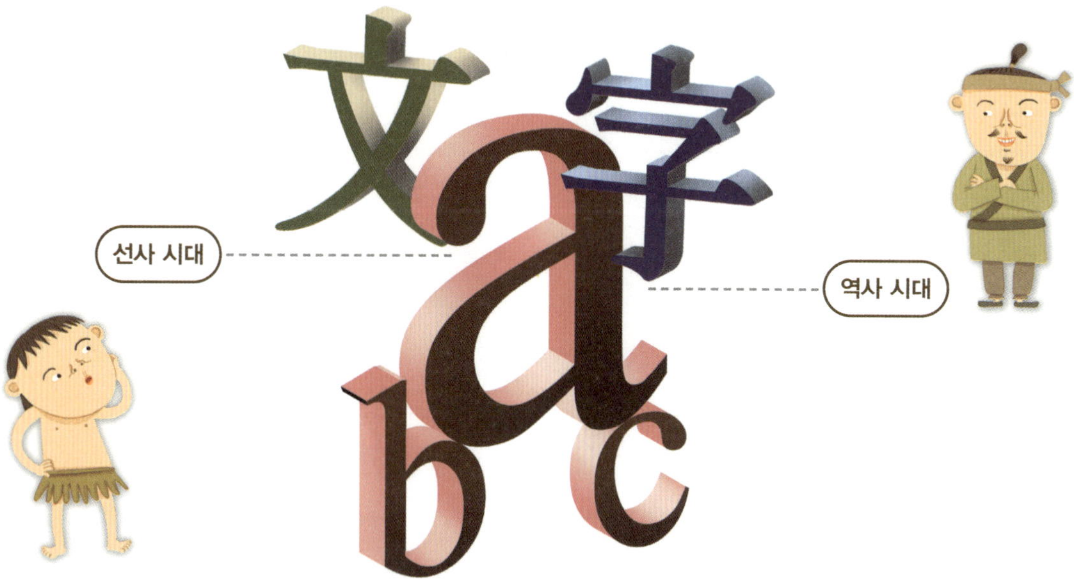

알쏭달쏭 바로알기

틀린 곳을 맞게 고쳐 쓰세요.

- ~~역사~~는 문자 기록을 하기 전이라는 뜻입니다. (   )
- ~~물리학자~~가 선사 시대 사람들의 삶을 추리합니다. (   )
- 선사 시대는 구석기, 신석기, ~~우주~~ 시대로 나눌 수 있습니다. (   )

역사 용어 정리하기

□□ □□는 역사를 문자로 기록하기 전의 시대입니다.

구석기 시대

돌을 깨뜨려 도구로 쓰던 시대입니다

구석기 시대부터 한반도에 사람들이 살기 시작했습니다.
구석기의 '구'는 옛 구(舊)이니 구석기는 옛날 석기라는 뜻이에요.
구석기 시대 사람들은 돌이나 나무, 동물 뼈 등으로
생활에 필요한 도구를 만들어 썼어요.
그중 돌을 깨뜨리거나 떼어 만든 도구를 뗀석기라고 해요.
구석기 시대 사람들은 주로 사냥과 채집을 하며 살았습니다.

알쏭달쏭 바로알기

틀린 곳을 맞게 고쳐 쓰세요.

- ~~신석기~~ 시대부터 한반도에 사람들이 살기 시작했습니다. (　　　　　)
- 구석기는 옛날 ~~철기~~라는 뜻입니다. (　　　　　)
- 구석기 시대 사람들은 ~~구걸~~과 채집을 하며 살았습니다. (　　　　　)

역사 용어 정리하기

□□□ □□는 돌을 깨뜨려 도구로 쓰던 시대입니다.

뗀석기

돌을 깨뜨리거나 떼어서 만든 구석기 시대의 도구입니다

뗀석기는 돌에서 떼어 낸 도구라는 뜻으로 주먹도끼, 긁개, 찍개 등이 있어요.
주먹도끼는 짐승을 잡거나 나무 등을 찍을 때 썼어요.
긁개는 사냥한 짐승의 가죽을 벗기거나 나무나 뼈를 깎을 때 썼어요.
찍개는 나무를 다듬거나 고기를 토막 낼 때 썼어요.
슴베찌르개는 창을 만들어 짐승을 잡는 데 썼어요.

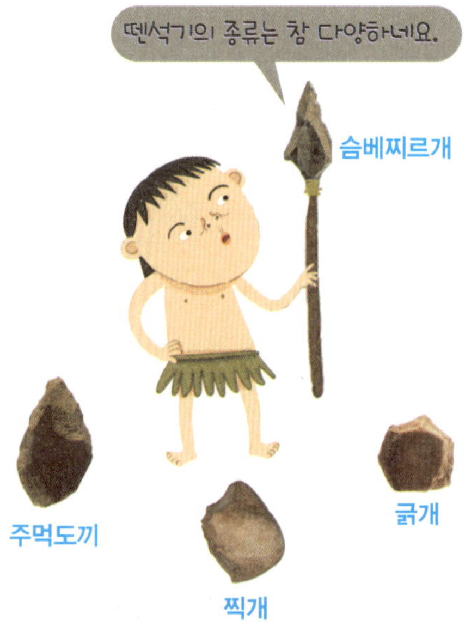

알쏭달쏭 바로알기

두 단어 중 맞는 것에 ○표 하세요.

- 뗀석기는 (신석기, 구석기) 시대 사람들이 썼던 도구입니다.
- 뗀석기로는 (금도끼, 주먹도끼), 긁개, 찍개, 슴베찌르개 등이 있습니다.
- (주먹, 가위)도끼는 짐승을 잡거나 나무 등을 찍을 때 썼습니다.

역사 용어 정리하기

□□□는 돌을 깨뜨리거나 떼어서 만든 구석기 시대의 도구입니다.

점말 동굴

제천의 점말에 있는 구석기 시대 동굴 유적입니다

충청북도 제천의 점말이라는 마을에 동굴이 있어요.
조금 큰 동굴과 이어진 작은 굴들이지요.
이 동굴들에서 동물의 뼈와 뗀석기가 많이 나왔어요.
이곳에 살던 구석기 시대 사람들이 남긴 흔적이지요.
그때 사람들은 이 동굴에서 불을 피워 추위를 견디고
사냥한 동물을 익혀 먹었어요.

알쏭달쏭 바로알기

틀린 곳을 맞게 고쳐 쓰세요.

- 점말 동굴에서는 동물의 뼈와 ~~철기~~가 많이 나왔습니다. (   )
- 점말 동굴에는 ~~청동기~~ 시대 사람들이 남긴 흔적이 있습니다. (   )
- 구석기 시대 사람들은 ~~꽃~~을 피워 동물을 익혀 먹었습니다. (   )

역사용어 정리하기

□□ □□은 제천의 점말에 있는 구석기 시대 동굴 유적입니다.

주먹도끼

돌의 한쪽을 날카롭게 만들어 손에 쥐고 쓴 뗀석기입니다

돌의 끝부분과 가장자리는 날카롭고 손으로 쥐는 부분은 뭉툭해요.
사냥, 동물 살 도려내기, 가죽 벗기기, 식물 자르기 등 여러 용도로 사용되었어요.
마치 요즘의 만능 맥가이버 칼과 비슷한 역할을 했지요.
주로 서양에서만 쓰인 것으로 알려졌다가
우리나라 연천의 전곡리에서도 발견되어 동양에서도 쓰였다는 것을 알게 되었지요.

알쏭달쏭 바로알기

틀린 곳을 맞게 고쳐 쓰세요.

- 바위도끼는 끝부분은 날카롭고, 손에 쥐는 부분은 뭉툭합니다. (   )
- 주먹도끼는 신석기 시대 도구입니다. (   )
- 우리나라의 주먹도끼는 연천의 포곡리에서 처음 발견되었습니다. (   )

역사 용어 정리하기

□□□□는 돌의 한쪽을 날카롭게 만들어 손에 쥐고 쓴 뗀석기입니다.

신석기 시대

돌을 갈아서 만든 석기를 사용한 시대입니다

신석기 시대에는 구석기 시대보다 훨씬 발달한 석기를 썼어요.
생활 모습도 크게 달라졌지요.
더 이상 떠돌아다니지 않고 강가나 바닷가에 움집을 짓고 살기 시작했어요.
물고기나 조개도 잡아먹었지만 농사를 짓고 가축을 기르기 시작했지요.
또 흙으로 그릇을 빚고, 옷감을 짜서 옷을 만들어 입었답니다.

알쏭달쏭 바로알기

내용이 맞으면 ○표, 틀리면 X표를 하세요.

- 신석기 시대 사람들은 강가에 기와집을 짓고 살았습니다. (　　)
- 신석기 시대 사람들은 농사를 짓고, 가축을 길렀습니다. (　　)
- 신석기 시대 사람들은 기름을 짜서 옷을 만들어 입었습니다. (　　)

역사 용어 정리하기

□□□ □□는 돌을 갈아서 만든 석기를 사용한 시대입니다.

간석기

돌을 갈고 다듬어서 만든 도구입니다

신석기 시대 사람들은 돌을 갈고 다듬어 생활에 필요한 도구를 만들어 썼어요.
돌보습과 돌괭이는 농사를 지을 때 썼고,
갈판과 갈돌은 나무 열매나 곡물의 껍질을 벗기고 가루로 만들 때 썼지요.
돌그물추는 물고기를 잡는 그물 끝에 매달았어요.
물고기를 잡을 때는 이음낚시나 돌작살, 그물을 썼지요.

알쏭달쏭 바로알기

틀린 곳을 맞게 고쳐 쓰세요.

- 신석기 시대 사람들은 ~~철~~을 갈고 다듬어 도구를 만들었습니다. (　　　　)
- 돌보습과 돌괭이는 ~~밥~~을(를) 지을 때 쓰던 도구입니다. (　　　　)
- ~~발판~~과 갈돌은 열매나 곡물의 껍질을 벗기고 가루로 만들 때 사용했습니다. (　　　　)

역사 용어 정리하기

□□□는 돌을 갈고 다듬어서 만든 도구입니다.

빗살무늬 토기

빗살 같은 줄이 새겨진 신석기 시대 그릇입니다

신석기 시대 사람들이 흙으로 빚어 만들었습니다.
머리빗의 살처럼 가는 선들이 새겨져서 빗살무늬 토기라고 하지요.
흙으로 빚은 그릇을 불에 구울 때 갈라지지 않도록 무늬를 새겼다고 해요.
신석기 시대 사람들은 이 토기에 음식을 조리하거나 식량을 담았어요.
강가나 바닷가에서 많이 발견됩니다.

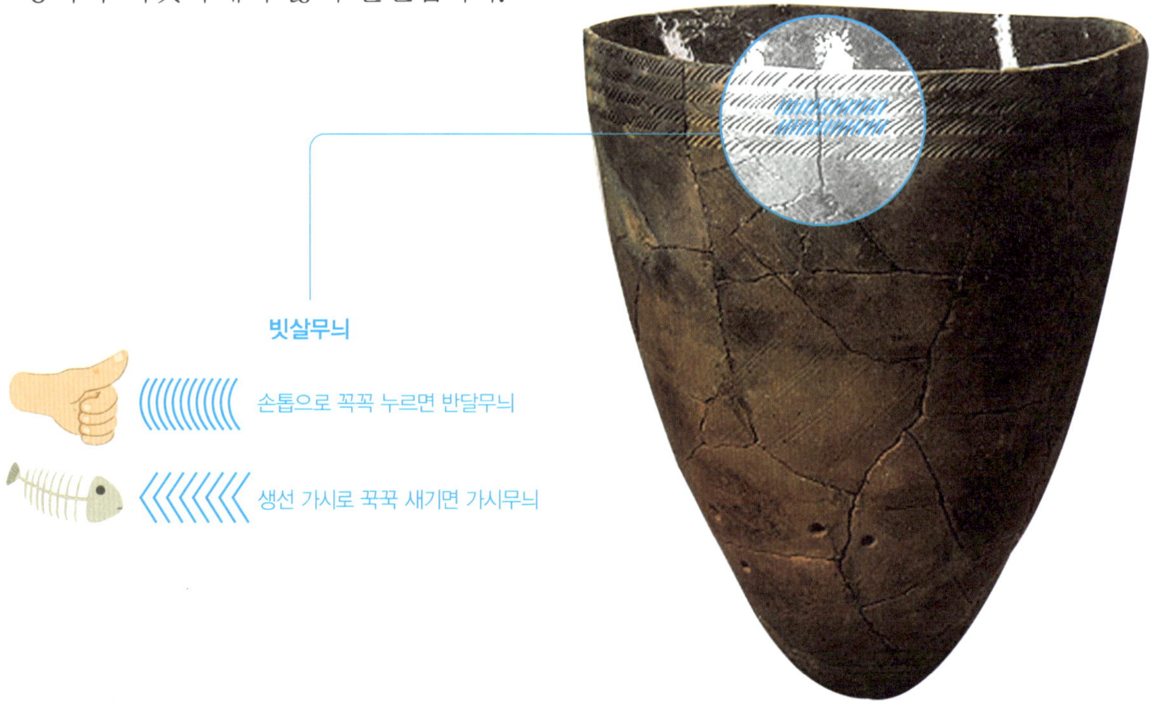

알쏭달쏭 바로알기

틀린 곳을 맞게 고쳐 쓰세요.

- 빗살무늬 토기는 ~~구석기~~ 시대 그릇입니다. (　　　　　)
- 신석기 시대에는 ~~구름무늬~~ 토기에 음식을 조리하거나 식량을 담았습니다. (　　　　　)
- 빗살무늬 토기는 ~~산꼭대기~~나 바닷가에서 많이 발견됩니다. (　　　　　)

역사 용어 정리하기

□□□□ □□는 빗살 같은 줄이 새겨진 신석기 시대 그릇입니다.

가락바퀴

실 잣는 가락이 돌아가도록 돕는 바퀴 모양의 도구입니다

가락은 실이 감기는 막대기이고,
가락바퀴는 이 막대기를 돌리려고 둥글게 만든 도구예요.
가락바퀴의 구멍에 가락을 끼우고 가락에 섬유를 연결해요.
그러고 나서 가락바퀴를 돌리면 섬유가 꼬이면서 실이 만들어지지요.
신석기 시대 사람들은 흙이나 돌로 가락바퀴를 만들어
실을 자아 옷을 지어 입었어요.

가락바퀴로 실 만드는 법

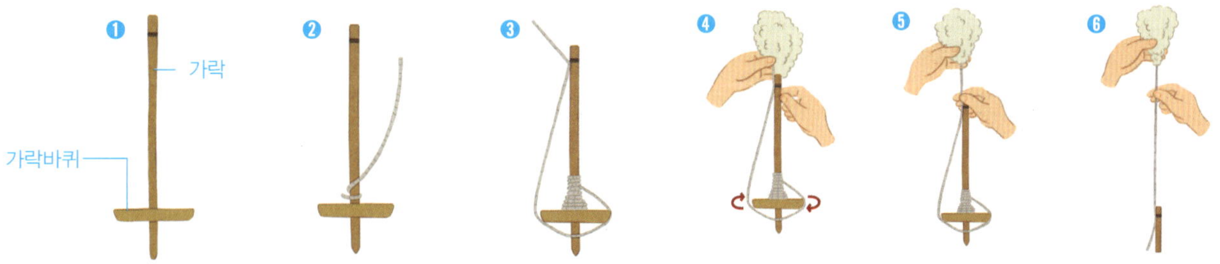

1. 가락바퀴에 가락을 끼워요.
2. 먼저 짧은 실을 가락에 묶어요.
3. 실을 아래쪽에 돌려 감은 뒤 위쪽에 묶어요.
4. 실 끝을 풀어 섬유와 잇고, 가락바퀴를 돌려요.
5. 섬유를 당겨 섬유 가닥을 뽑아요.
6. 섬유가 꼬이면서 실이 만들어져요.

알쏭달쏭 바로알기

두 단어 중 맞는 것에 ○표 하세요.

- (가락바퀴, 금가락지)는 가락을 돌리려고 만든 도구입니다.
- 가락바퀴의 가운데 구멍에 (가락, 손가락)을 끼워서 사용합니다.
- 신석기 시대 사람들은 실을 자아 (옷, 구두)을(를) 지어 입었습니다.

역사 용어 정리하기

□□□□는 실 잣는 가락이 돌아가도록 돕는 바퀴 모양의 도구입니다.

갈판

열매나 곡식의 껍질을 벗기고 가루로 만들 때 받치는 도구입니다

갈판은 갈돌과 짝을 이루는 도구예요.
갈돌을 받쳐 주었던 넓적하고 평평한 돌이지요.
이 갈판 위에 도토리 같은 열매나 곡식을 올려놓았어요.
그러고는 길고 둥근 갈돌로 밀어 껍질을 벗기고 가루로 만들었지요.
갈판과 갈돌은 신석기 시대부터 썼어요.
열매나 곡식의 껍질을 벗기고 가루로 만들 도구가 필요해 만들어졌죠.
갈판과 갈돌은 점점 발달해 절구나 맷돌, 디딜방아, 물레방아 등으로 발전했어요.

알쏭달쏭 바로알기

틀린 곳을 맞게 고쳐 쓰세요.

- 갈판과 갈돌은 ~~철~~로 만들었습니다. (　　　　)
- 갈판 위에 곡식 등을 놓고 ~~칼갈이~~로 문지릅니다. (　　　　)
- 갈판과 갈돌은 ~~구석기~~ 시대부터 사용되었습니다. (　　　　)

역사 용어 정리하기

□□과 갈돌은 열매나 곡식의 껍질을 벗기고 가루로 만들 때 받치는 도구입니다.

움집

땅을 파서 지은 원시적인 집입니다

신석기 시대 사람들은 강가나 바닷가에 움집을 짓고 살았어요.
'움'은 땅을 파고 위에 거적 따위를 덮은 것을 말해요.
움집은 땅을 파 집터를 다진 뒤 기둥을 세우고,
풀이나 갈대 같은 것으로 지붕을 덮어 만들었지요.
움집 중앙에 불을 피우는 화덕을 두었고,
그 옆에 구덩이를 파고 토기를 묻기도 했어요.

알쏭달쏭 바로알기

틀린 곳을 맞게 고쳐 쓰세요.

- 신석기 시대 사람들은 ~~기와집~~을 짓고 살았습니다. (   )
- ~~옴집~~은 땅을 파고 기둥을 세운 뒤 지붕을 덮었습니다. (   )
- 움집 중앙에 ~~식탁~~을 두었습니다. (   )

역사 용어 정리하기

□□은 땅을 파서 지은 원시적인 집입니다.

서울 암사동 유적

서울시 암사동에 있는 신석기 시대 사람들의 마을 터입니다

암사동은 한강이 옆에 흐르고 있어 오래전부터 사람들이 살았어요.
이곳에서 바닥의 모양이 둥글거나 네모난 움집터가 여럿 발견되었어요.
신석기 시대 사람들이 한곳에 머물며 마을을 이루고 살았다는 것을 알 수 있지요.
암사동 선사 주거지에서는 빗살무늬 토기와
다양한 간석기가 함께 발견되었답니다.

알쏭달쏭 바로알기

내용이 맞으면 ○표, 틀리면 X표를 하세요.

- 암사동 선사 주거지 옆으로 금강이 흐릅니다. ( )
- 신석기 시대 사람들은 마을을 이루고 살았습니다. ( )
- 암사동 선사 주거지에서는 빗살무늬 토기가 발견되었습니다. ( )

역사 용어 정리하기

서울 □□□ 유적은 신석기 시대 사람들의 마을 터입니다.

청동기 시대

청동기를 만들어서 쓰기 시작한 시대입니다

청동기 시대 사람들은 금속으로 도구를 만드는 기술을 발견했지요.
구리에 아연이나 주석을 섞어 청동기를 만들기 시작한 거예요.
사회 모습도 크게 바뀌었지요.
농사짓는 기술이 발달하면서 거두어들이는 곡식이 많아지자
재산이 많은 사람과 없는 사람이 생겼고, 계급도 나뉘었어요.
또 이웃 마을과 싸움이 잦아지면서
마을 둘레에 높다란 울타리를 치거나
깊은 도랑을 팠어요.

알쏭달쏭 바로알기

틀린 곳을 맞게 고쳐 쓰세요.

- ~~신석기~~ 시대 사람들은 금속으로 도구를 만들기 시작했습니다. (   )
- 청동기 시대에는 ~~채급~~이 나뉘었습니다. (   )
- 청동기 시대에는 마을 둘레에 ~~가축~~을(를) 쳤습니다. (   )

역사 용어 정리하기

□□□ 시대는 청동기를 만들어서 쓰기 시작한 시대입니다.

청동기

구리에 주석이나 아연을 섞어 만든 도구입니다

구리를 동(銅)이라고 해요.
구리에다 주석을 섞으면 더 단단해지고 푸르스름한 색깔을 띠고,
아연을 섞으면 누런 색깔을 띠어요.
청동기는 만들기 어렵고 귀해 청동기 시대에도 석기를 많이 썼지요.
청동기로는 제사 지낼 때 쓰는 거울, 방울 등과
지배 계급의 무기, 장신구 등을 만들었어요.

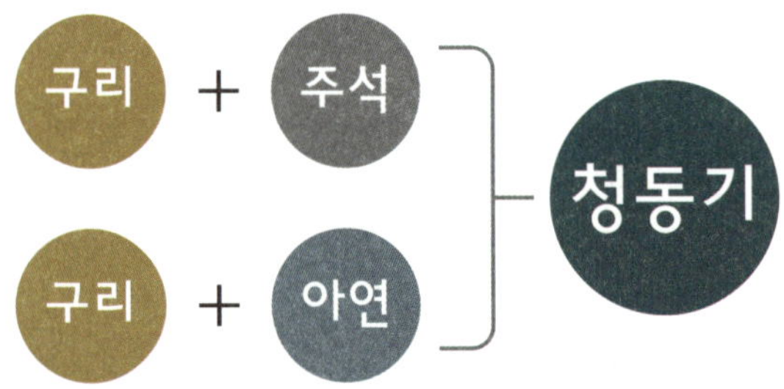

알쏭달쏭 바로알기

틀린 곳을 맞게 고쳐 쓰세요.

- ~~백금~~에 주석을 섞으면 단단해지고 푸른색을 띱니다. (   )
- 청동기가 귀해서 사람들은 ~~철기~~를 많이 썼습니다. (   )
- 청동기로는 거울, 방울, 무기, ~~장난감~~ 등을 만들었습니다. (   )

역사 용어 정리하기

□□□는 구리에 주석이나 아연을 섞어 만든 도구입니다.

민무늬 토기

무늬가 거의 없는 청동기 시대 그릇입니다

청동기 시대 사람들은 민무늬 토기를 만들어 썼어요.
민무늬는 무늬가 없다는 뜻이에요.
청동기 시대 사람들은 신석기 시대보다 높은 온도로 단단한 토기를 구웠어요.
그래서 갈라지지 않아 빗살무늬 토기처럼 무늬를 새길 필요가 없었지요.
민무늬 토기는 바닥이 평평하고, 모양도 다양해요.

여러 종류의 민무늬 토기

알쏭달쏭 바로알기

두 단어 중 맞는 것에 ○표 하세요.

- 청동기 시대 사람들은 무늬가 거의 (있는, 없는) 그릇을 만들어 썼습니다.
- 청동기 시대에는 신석기 시대보다 (높은, 낮은) 온도로 토기를 구웠습니다.
- 민무늬 토기는 바닥이 (뾰족하고, 평평하고) 모양도 다양합니다.

역사 용어 정리하기

□□□ □□는 무늬가 거의 없는 청동기 시대의 그릇입니다.

반달 돌칼

돌로 만든 반달 모양의 농기구입니다

청동기 시대 사람들은 곡식의 이삭을 딸 때 반달 모양의 돌칼을 썼습니다.
뚫려 있는 두 개의 구멍에 줄을 꿰어 손에 쥐고서
벼, 조, 기장, 수수 등의 이삭을 땄지요.
청동기 시대 사람들은 농사를 지을 때 여전히 석기를 많이 썼어요.
청동기는 재료를 구하기도 힘들고 만들기도 어려웠거든요.

알쏭달쏭 바로알기

틀린 곳을 맞게 고쳐 쓰세요.

- 청동기 시대에는 이삭을 딸 때 보름달 모양의 돌칼을 썼습니다. (　　　　　)
- 반달 돌칼은 철로 만들었습니다. (　　　　　)
- 청동기 시대였지만 농기구는 철기를 많이 썼습니다. (　　　　　)

역사 용어 정리하기

□□ □□은 돌로 만든 반달 모양의 농기구입니다.

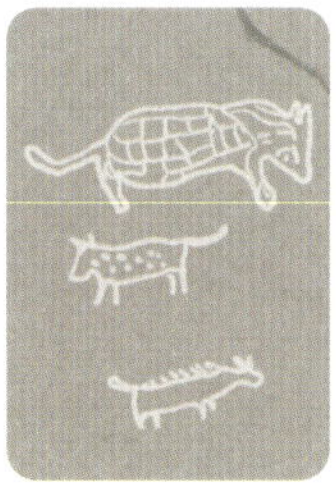

울산 반구대 바위그림

울산의 반구대 바위에 새겨진 그림입니다

울산의 태화강 상류에 반구대라는 바위 절벽이 있는데,
이 바위에 선사 시대 사람들이 그린 그림들이 새겨져 있어요.
사슴, 고래, 곰, 호랑이, 물고기, 멧돼지 등과 배와 어부, 사냥, 고래잡이 등이지요.
그중 고래 그림이 가장 많아요.
바위그림은 암각화라고도 해요.

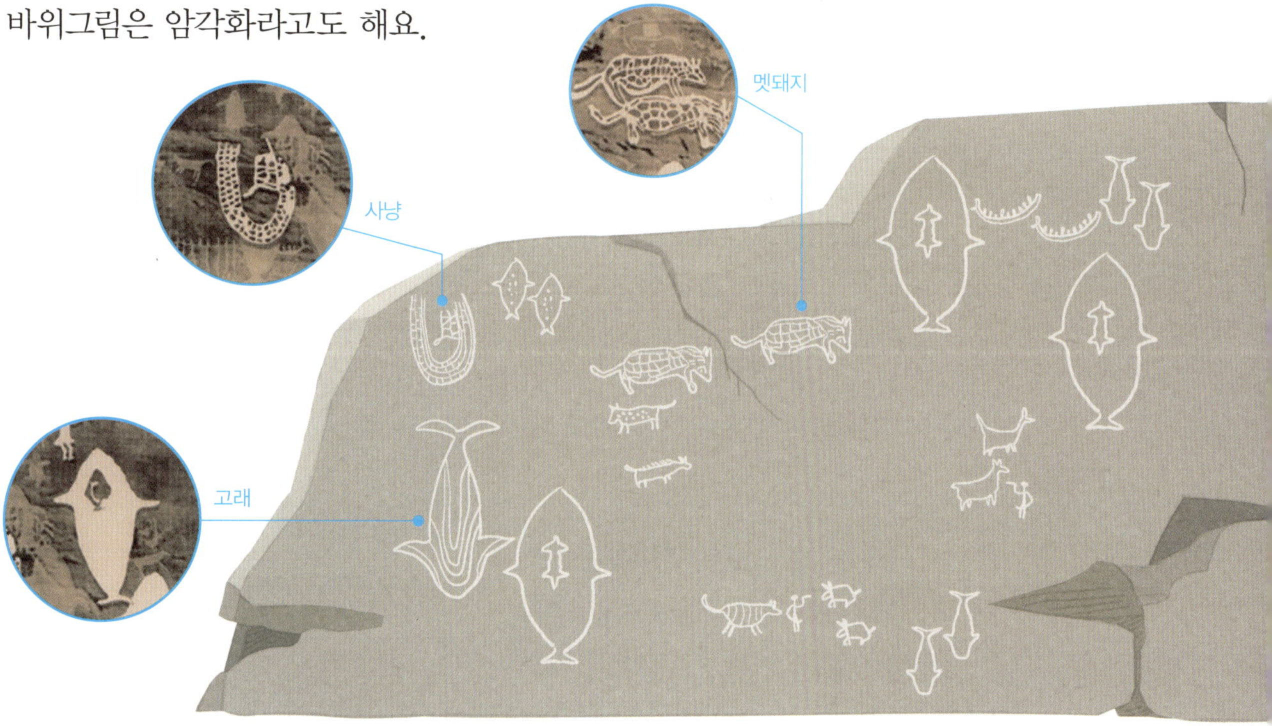

알쏭달쏭 바로알기

틀린 곳을 맞게 고쳐 쓰세요.

- 반월대에는 선사 시대 사람들이 그린 그림이 새겨져 있습니다. (　　　　　　)
- 반구대에는 풀꽃 그림이 가장 많이 새겨져 있습니다. (　　　　　　)
- 바위그림은 삼각화라고도 합니다. (　　　　　　)

역사 용어 정리하기

울산 □□□ □□□□은 반구대 바위에 새겨져 있습니다.

고조선

단군왕검

홍익인간

8조법

고인돌

비파형 동검

미송리식 토기

2

고조선과 여러 나라

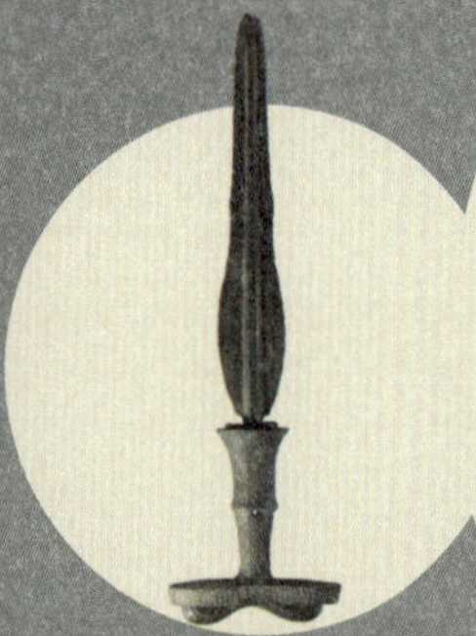

부여 송국리 유적

철기 시대

낙랑군

부여

옥저

동예

삼한

소도

고조선

우리나라 최초의 국가입니다

고조선의 '고'는 한자로 옛 고(古)이니 '옛 조선'이라는 뜻입니다.
처음 이름은 조선이었으나 훗날 고조선으로 불렸지요.
《삼국유사》에 따르면 단군왕검이 아사달에 세웠대요.
우수한 청동기를 바탕으로 다른 부족을 정복하면서 힘을 키웠는데,
기원전 108년에 한나라에 멸망당했습니다.

- 기원전 2333년: 단군왕검, 고조선 건국 (《동국통감》)
- 기원전 194년경: 위만, 고조선의 왕이 됨
- 기원전 108년: 우거왕, 고조선 멸망함

알쏭달쏭 바로알기

틀린 곳을 맞게 고쳐 쓰세요.

- 고조선은 옛 ~~삼한~~이라는 뜻입니다. (　　　　　)
- 고조선은 우수한 ~~철기~~를 바탕으로 힘을 키웠습니다. (　　　　　)
- 고조선은 기원전 108년에 ~~청나라~~에 멸망당했습니다. (　　　　　)

역사 용어 정리하기

우리나라 최초의 국가는 □□□입니다.

단군왕검

고조선을 세운 사람입니다

단군은 하늘에 제사를 지내는 제사장이라는 뜻이고, 왕검은 백성을 다스리는 지배자라는 뜻입니다. 즉, 단군왕검은 제사장이자 정치 지도자였죠. 《삼국유사》에서는 하느님(환인)의 아들인 환웅과 곰이 변한 웅녀 사이에서 태어났다고 해요. 이 이야기는 고조선이 여러 부족을 합쳤고, 하늘의 자손이라는 긍지가 강했음을 알려 줘요.

알쏭달쏭 바로알기

틀린 곳을 맞게 고쳐 쓰세요.

- 단군은 하늘에 제사를 지내는 사장님이라는 뜻입니다. (　　　　　)
- 왕검은 백성을 다스리는 수배자라는 뜻입니다. (　　　　　)
- 《삼국유사》에 따르면 단군왕검은 환웅과 호녀의 아들입니다. (　　　　　)

역사 용어 정리하기

□□□□이 고조선을 세웠습니다.

홍익인간

고조선의 건국 이념입니다

홍익은 넓을 홍(洪)과 이로울 익(益)이 합쳐진 말이에요.
《삼국유사》에서는 환인의 아들 환웅이 '널리 인간을 이롭게 한다(홍익인간).'는 뜻을 품고 비, 바람, 구름 등을 담당하는 신하와 무리 3,000명을 거느리고 세상에 내려왔다고 해요.
홍익인간 이념은 지금도 우리에게 중요한 가치예요.

알쏭달쏭 바로알기

두 단어 중 맞는 것에 ○표 하세요.

- 환웅은 널리 인간을 (해롭게, 이롭게) 한다는 뜻을 품고 내려왔습니다.
- 환웅은 비, 바람, (구름, 태양) 등을 담당하는 신하와 함께 내려왔습니다.
- 홍익인간 이념은 지금도 우리에게 중요한 (가격, 가치)입니다.

역사 용어 정리하기

고조선의 건국 이념은 □□□□ 입니다.

八條法

8조법

고조선의 법률입니다

고조선에는 백성들을 다스리기 위한 법률이 있었어요.
원래 8개의 조항이 있어서 8조법이라고 하지요.
지금은 그중 3개 조항만 전해요.
8조법을 보면 고조선 사회는 사회 질서가 엄격했음을 알 수 있어요.
개인 재산과 노비가 있었고, 신분의 차이도 있었음을 알 수 있어요.

알쏭달쏭 바로알기

틀린 곳을 맞게 고쳐 쓰세요.

- 고조선에서는 도둑질한 자는 ~~사위~~로 삼았습니다. (　　　　)
- 8조법은 원래 ~~10~~개 조항이었으나 지금은 3개만 전합니다. (　　　　)
- 8조법을 통해 ~~고구려~~ 사회 질서가 엄격했음을 알 수 있습니다. (　　　　)

역사 용어 정리하기

고조선의 법률은 □□□입니다.

고인돌

청동기 시대 지배자의 무덤입니다

청동기 시대에는 지위가 높은 사람이 죽으면 고인돌을 만들었어요.
고인돌에는 기둥돌과 덮개돌이 있는데,
덮개돌 하나의 무게가 수십 톤에 이르는 것도 있어요.
이런 고인돌을 만들려면 수많은 사람이 동원되어야 했겠죠.
고인돌은 기둥돌이 긴 탁자 모양과 기둥돌이 짧은 바둑판 모양 등이 있어요.
고조선이 다스리던 곳에서는 탁자 모양 고인돌이 많이 발견됩니다.

탁자 모양 고인돌
기둥돌을 상자처럼 만들어서 그 안에 시신을 묻어요.

바둑판 모양 고인돌
땅을 파고 돌로 방을 만들어서 그 안에 시신을 묻어요.

알쏭달쏭 바로알기

틀린 곳을 맞게 고쳐 쓰세요.

- 청동기 시대에는 지배자가 죽으면 장승을 만들었습니다. (　　　　)
- 고인돌은 공기돌과 덮개돌로 이루어졌습니다. (　　　　)
- 고인돌은 탁자 모양과 원탁 모양 등이 있습니다. (　　　　)

역사 용어 정리하기

청동기 시대 지배자의 무덤은 □□□입니다.

비파형 동검

비파처럼 생긴 청동 칼입니다

비파형 동검은 청동기 시대의 대표적인 청동 칼입니다.
칼날이 있는 몸체가 비파라는 악기처럼 생겨서 붙은 이름이에요.
칼날을 손잡이에 끼워 쓸 수 있도록 만든 조립식 칼이지요.
한반도와 중국 동북부 등 주로 고조선과 그 주변 지역에서 발견됩니다.

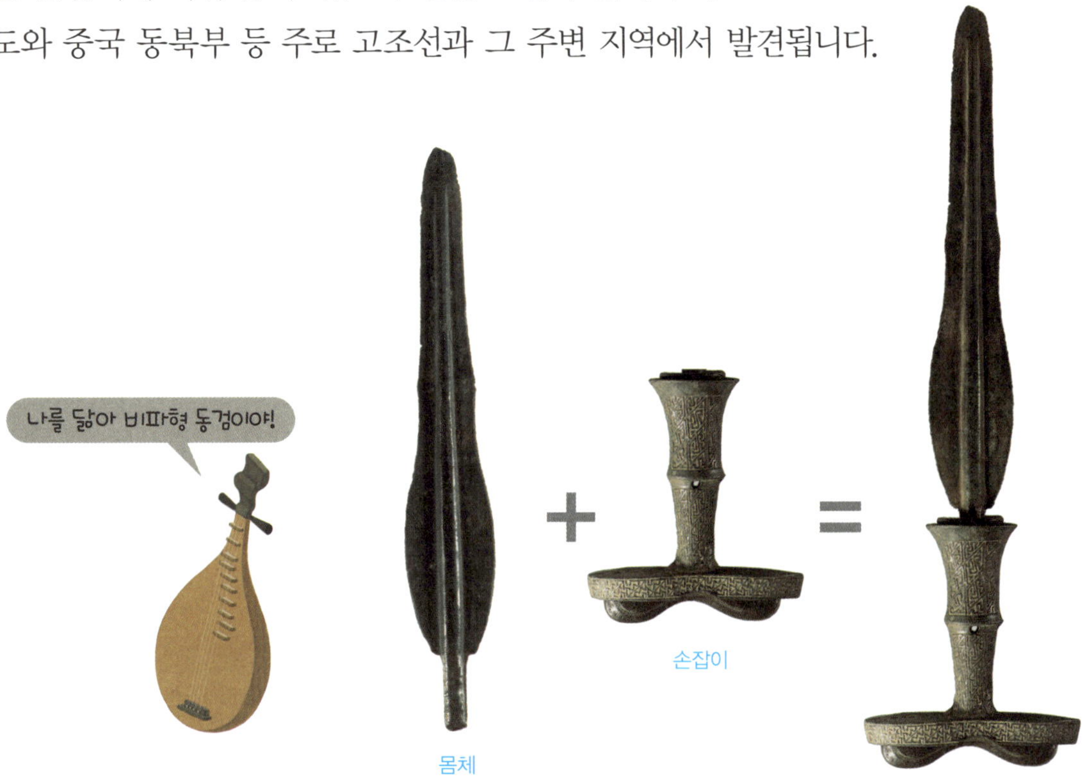

알쏭달쏭 바로알기

내용이 맞으면 ○표, 틀리면 X표를 하세요.

- 비파형 동검은 가야금처럼 생겼습니다. (　　)
- 비파형 동검은 조립식 칼입니다. (　　)
- 비파형 동검은 주로 고조선과 그 주변 지역에서 발견됩니다. (　　)

역사 용어 정리하기

□□□ □□은 비파처럼 생긴 청동 칼입니다.

미송리식 토기

표주박처럼 생긴 민무늬 토기입니다

민무늬 토기의 한 종류입니다.
표주박의 윗부분을 잘라 낸 모양에 양옆에 손잡이가 달린 것이 특징이에요.
평안북도 의주 미송리에서 이런 모양의 토기가 처음 발견되었어요.
대체로 남쪽으로는 대동강에서부터 북쪽으로는
중국의 랴오닝성, 지린성 일대에서 발견되지요.
탁자 모양 고인돌, 비파형 동검과 함께 고조선을 대표하는 유물이에요.

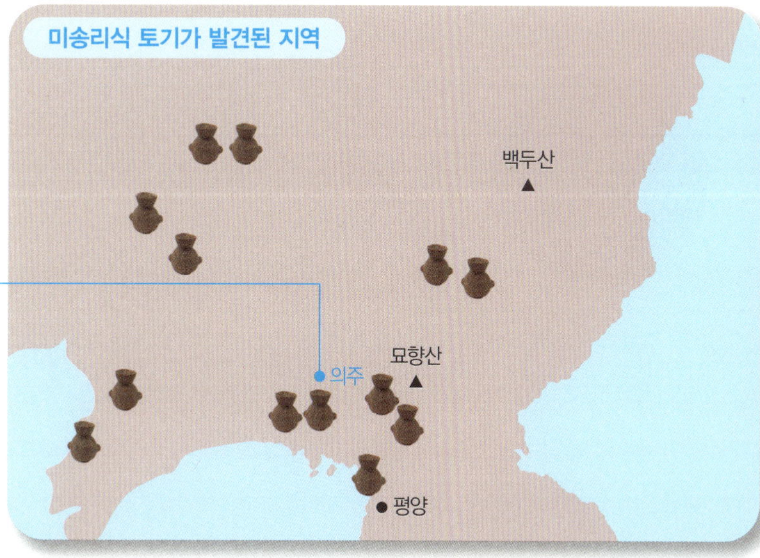

알쏭달쏭 바로알기

틀린 곳을 맞게 고쳐 쓰세요.

• 미송리식 토기는 빗살무늬 토기의 한 종류입니다. (   )

• 미송리식 토기는 의주 천송리에서 처음으로 발견되었습니다. (   )

• 미송리식 토기는 고구려의 대표 유물입니다. (   )

역사 용어 정리하기

□□□식 □□는 표주박처럼 생긴 민무늬 토기입니다.

부여 송국리 유적

부여 송국리에 있는 청동기 시대 마을 유적입니다

충청남도 부여 송국리에는 아주 큰 청동기 시대 마을 유적이 있습니다.
마을은 나무 울타리로 둘러싸여 있었어요.
이 유적지에서 많은 청동기 유물이 발견되었습니다.
마을 옆에서는 많은 청동기와 장신구를 껴묻은 무덤도 발견되었고요.
또 불에 탄 쌀이 발견되어 벼농사를 지었다는 것을 알 수 있지요.

송국리 유적지에서 나온
불에 탄 쌀

송국리에서 발견된
민무늬 토기

알쏭달쏭 바로알기

틀린 곳을 맞게 고쳐 쓰세요.

- 부여 송국리 유적은 아주 큰 철기 시대 마을 유적입니다. (　　　　　)
- 부여 송국리 유적에서는 불에 탄 옷감이 발견되었습니다. (　　　　　)
- 부여 송국리 유적에서는 밀농사를 지었음을 알 수 있습니다. (　　　　　)

역사 용어 정리하기

부여 □□□ 유적은 청동기 시대 마을 유적입니다.

철기 시대

철기를 만들어 쓰기 시작한 시대입니다

철은 청동의 재료가 되는 구리나 주석보다 높은 온도에서 녹아요.
그래서 철기를 제작하려면 청동기 시대보다 더 발달된 기술이 필요해요.
철기는 청동기보다 훨씬 단단해서 쓸모가 많았어요.
철제 농기구는 농산물의 수확을 크게 늘렸고,
철제 무기는 더 무서운 전쟁을 낳았어요.
우리 조상들은 고조선 후기부터 철기를 만들어 썼답니다.

철검

청동검

알쏭달쏭 바로알기

두 단어 중 맞는 것에 ○표 하세요.

- 철기는 청동기보다 훨씬 (단단합니다, 무릅니다).
- 철제 농기구는 (농산물, 수산물)의 수확을 크게 늘렸습니다.
- 철기는 (고려, 고조선) 후기부터 쓰기 시작했습니다.

역사 용어 정리하기

□□ □□는 철기를 만들어 쓰기 시작한 시대입니다.

낙랑군

고조선 땅이던 평양 일대에 중국이 설치한 행정 구역입니다

중국 한나라는 고조선을 무너뜨린 뒤 그 땅에 군을 두었어요.
한군현이라 하기도 하고, 한나라가 설치한 군이 4개여서
한사군으로 불리기도 했지요.
한사군은 낙랑군, 임둔군, 현도군, 진번군이었어요.
낙랑군을 뺀 나머지 군들은 오래 가지 못했지요.
낙랑군은 고구려 미천왕의 공격을 받아
한반도에서 없어졌습니다.

알쏭달쏭 바로알기

틀린 곳을 맞게 고쳐 쓰세요.

- 당나라는 고조선을 무너뜨린 뒤 그 땅에 군을 두었습니다. (　　　　　)
- 한나라가 고조선 땅에 설치한 군을 한오군이라고 합니다. (　　　　　)
- 낙랑군은 고조선의 공격으로 없어졌습니다. (　　　　　)

역사 용어 정리하기

□□□은 고조선 땅이던 평양 일대에 중국이 만든 행정 구역입니다.

부여

만주 지역에 있던 고대 국가입니다

부여는 땅이 넓었고 주로 농사를 지었어요.
영고라는 축제가 있어서 하늘에 제사를 지내고,
춤추고 노래하며 즐겼대요.
이 기간에는 죄인들을 판결하고,
죄가 가벼운 죄인들을 풀어 주기도 했어요.
지배자가 죽으면 산 사람을 죽여 함께 묻었는데,
이를 순장이라고 해요.
부여에서 갈라진 일파가 고구려와 백제를 세웠어요.

알쏭달쏭 바로알기

틀린 곳을 맞게 고쳐 쓰세요.

- 부여에는 ~~장고~~라는 축제가 있었습니다. (　　　　　　)
- 지배자가 죽으면 함께 사람을 묻는 풍습을 ~~순식~~이라고 합니다. (　　　　　　)
- 부여에서 갈라진 일파가 고구려와 ~~신라~~를 세웠습니다. (　　　　　　)

역사 용어 정리하기

☐☐는 만주 지역에 있던 고대 국가입니다.

옥저

함경도 해안 지역에 있던 옛 나라입니다

옥저는 바닷가에 있어서 해산물이 풍부했습니다.
민며느리라는 결혼 풍습이 있었지요.
여자아이를 신랑 집에 데려와 키우다가 어른이 되면 혼례를 치렀다고 해요.
옥저는 힘이 약해 왕이 없었고,
일찍부터 고구려의 지배를 받았어요.

알쏭달쏭 바로알기

내용이 맞으면 ○표, 틀리면 X표를 하세요.

- 옥저는 바닷가에 있어서 해산물이 풍부했습니다. (   )
- 옥저에는 데릴사위라는 결혼 풍습이 있었습니다. (   )
- 옥저는 고구려의 지배를 받았습니다. (   )

역사 용어 정리하기

□□는 함경도 해안 지역에 있던 옛 나라입니다.

동예

함경도 남부와 강원도 북부 해안 지역에 있던 옛 나라입니다

남으로는 진한, 북으로는 옥저와 이웃하고 있었어요.
동예에서는 다른 마을에 함부로 들어갈 수 없었어요.
만약 그랬다가는 소나 말, 노비 등으로 물어 주어야 했답니다.
동예 사람들은 10월이 되면 무천이라는 축제를 즐겼어요.
하늘에 제사를 지내고, 밤낮으로 음식과 술을 먹고 놀았지요.

알쏭달쏭 바로알기

틀린 곳을 맞게 고쳐 쓰세요.

- 동예는 ~~변한~~, 옥저와 이웃하고 있었습니다. (   )
- 동예는 함경도 남부와 강원도 ~~남부~~ 해안 지역에 있었습니다. (   )
- 동예 사람들은 10월이 되면 ~~개천~~이라는 축제를 즐겼습니다. (   )

역사 용어 정리하기

□□는 함경도 남부와 강원도 북부 해안 지역에 있던 옛 나라입니다.

삼한

마한, 진한, 변한 셋을 합쳐 부르는 말입니다

마한, 진한, 변한은 한반도 남쪽에 있었어요.
크고 작은 수십 나라가 느슨하게 뭉쳐 만든 나라들이지요.
삼한 중에 마한이 가장 컸는데, 마한에서는 목지국이 가장 힘센 나라였어요.
진한에서 가장 힘센 나라는 사로국이었는데, 뒤에 신라로 발전했답니다.
변한은 철을 많이 생산하여 다른 나라에 수출도 했어요.

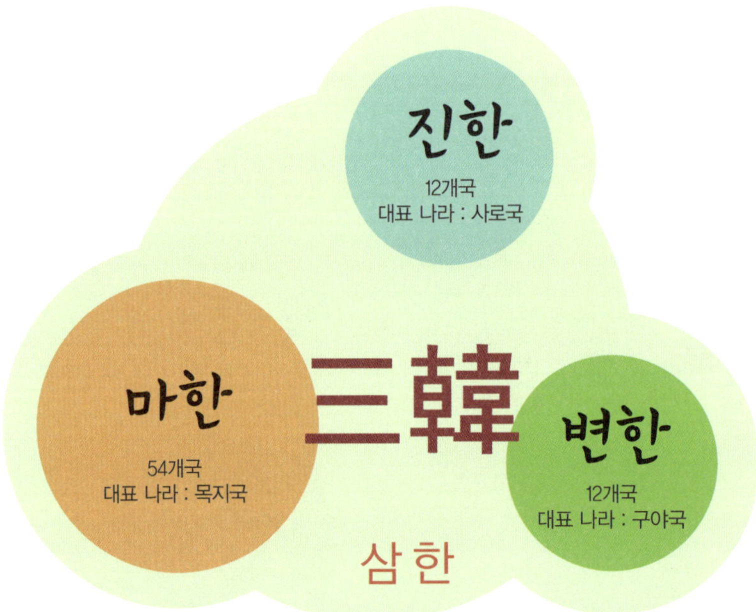

알쏭달쏭 바로알기

틀린 곳을 맞게 고쳐 쓰세요.

- 삼한은 한반도 ~~북쪽~~에 있었습니다. (　　　　　)
- 삼한 중 ~~진한~~이 가장 컸습니다. (　　　　　)
- 마한이 제일 컸고, 변한은 ~~금~~을 많이 생산했습니다. (　　　　　)

역사 용어 정리하기

□□은 마한, 진한, 변한을 합쳐 부르는 말입니다.

소도

삼한에서 하늘에 제사 지내던 특별한 곳입니다

소도에는 제사를 맡아보는 천군이라는 제사장이 따로 있었어요.
소도는 신성한 장소여서 함부로 들어갈 수 없었지요.
그래서 죄를 지은 사람이 소도로 도망치면 잡아가지 못했대요.
소도에는 큰 나무에 방울 등을 달아 세워 두었어요.
'솟대'라는 말이 소도와 연관이 있다고 해요.

알쏭달쏭 바로알기

두 단어 중 맞는 것에 ○표 하세요.

- 소도에는 제사를 맡아 보는 (백군, 천군)이라는 제사장이 있었습니다.
- 죄를 지은 사람이 (소도, 우도)로 도망치면 잡아가지 못했다고 합니다.
- (솟대, 숫자)라는 말은 소도와 연관이 있다고 합니다.

역사 용어 정리하기

삼한에서 하늘에 제사 지내던 특별한 곳은 □□ 입니다.

고구려 주몽
백제 온조
신라 서라벌
박혁거세 거서간
가야 김수로
구지가 난생 설화
근초고왕 소수림왡
광개토 대왕 장수왕
지증왕 진흥왕
진대법 화백 회의
화랑도 이차돈
광개토 대왕릉비
장군총

3

삼국과 가야

고구려 고분 벽화
무령왕릉
서산 용현리 마애여래 삼존상
백제 금동 대향로
천마도 경주 첨성대
금관총 가야금
백제 박사 왕인 담징
금동 미륵보살 반가 사유상
경주 분황사 모전 석탑
익산 미륵사지 석탑
살수 대첩 여수장우중문
안시성 전투 선덕 여왕
태종 무열왕 김유신
계백 의자왕 연개소문

고구려

한반도 북쪽과 만주 일대에 넓은 영토를 가졌던 고대 국가입니다

부여에서 내려온 주몽이 압록강 유역의 졸본에서 고구려를 세웠어요.
유리왕 때 국내성으로, 장수왕 때 평양성으로 수도를 옮겼지요.
삼국 중에서 가장 영토가 넓었으며 중국 수나라와 당나라의 침입을 막아 냈어요.
신라와 당나라 연합군에 멸망당했어요.

알쏭달쏭 바로알기

틀린 곳을 맞게 고쳐 쓰세요.

- 주몽이 ~~낙동강~~ 유역의 졸본에서 고구려를 세웠습니다. (　　　　　)
- 장수왕 때 국내성에서 ~~한성~~으로 수도를 옮겼습니다. (　　　　　)
- 고구려는 중국 수나라와 ~~청나라~~의 침입을 막아 냈습니다. (　　　　　)

역사 용어 정리하기

□□□는 한반도 북쪽과 만주 일대에 넓은 영토를 가졌던 고대 국가입니다.

주몽

고구려를 세운 동명성왕입니다

원래 부여 사람이고, 성은 고씨예요.
부여에서는 활을 잘 쏘는 사람을 '주몽'이라고 했어요.
《삼국사기》에 따르면 주몽은 하늘 신의 아들인 해모수와
물의 신 하백의 딸인 유화의 아들로 알에서 태어났대요.
어머니 유화가 부여 금와왕의 부인이 되었으나 부여 왕자들의 시샘을 받았어요.
주몽은 부여를 떠나 졸본에 고구려를 세웠어요.

알쏭달쏭 바로알기

틀린 곳을 맞게 고쳐 쓰세요.

- 주몽은 원래 ~~중국~~ 사람이고, 성은 고씨입니다. (   )
- 《삼국사기》에 따르면 주몽은 ~~돌~~에서 태어났습니다. (   )
- 주몽은 부여를 떠나 졸본에 ~~조선~~을(를) 세웠습니다. (   )

역사 용어 정리하기

☐☐은 고구려를 세운 동명성왕입니다.

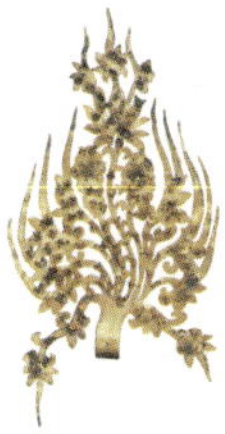

백제

한반도 서남부에서 문화가 발달했던 고대 국가입니다

한강 유역에서 출발한 나라입니다.
주몽의 아들 온조가 위례성에 세웠어요.
문주왕 때 웅진으로, 성왕 때 사비로 도읍을 옮겼지요.
처음 이름은 십제였는데, 뒤에 백제로 바꾸었어요.
일찍부터 중국의 앞선 문물을 받아들여 세련된 문화를 꽃피웠고,
일본에 한자를 비롯해 여러 가지 문물을 전해 주었어요.

알쏭달쏭 바로알기

두 단어 중 맞는 것에 ○표 하세요.

- 백제는 (두만강, 한강) 유역에서 출발했습니다.
- 백제의 수도는 (위례성, 국내성), 웅진, 사비였습니다.
- 백제는 (중국, 일본)에 한자를 전해 주었습니다.

역사 용어 정리하기

☐☐는 한반도 서남부에서 문화가 발달했던 고대 국가입니다.

온조

백제를 세운 왕입니다

온조는 부여계 사람이며 고구려를 세운 주몽의 아들이라고 전합니다.
주몽이 부여에 두고 온 첫아들 유리가 주몽을 찾아와 고구려의 태자가 되었어요.
그러자 온조는 형 비류와 함께 남쪽으로 내려왔지요.
온조는 위례성(한강 유역)에, 형 비류는 미추홀(인천)에 나라를 세웠어요.
뒤에 비류가 죽자 온조가 그 백성을 받아들였어요.

알쏭달쏭 바로알기

틀린 곳을 맞게 고쳐 쓰세요.

- 온조는 고구려를 세운 ~~알지~~의 아들이라고 전합니다. (　　　　　　)
- 온조는 형 ~~유리~~와 함께 남쪽으로 내려왔습니다. (　　　　　　)
- 온조는 ~~평양성~~에, 비류는 미추홀에 나라를 세웠습니다. (　　　　　　)

역사 용어 정리하기

□□가 백제를 세웠습니다.

신라

한반도에서 약 1,000년 동안 이어 간 고대 국가입니다

경주 지역에서 출발했습니다.
처음에는 사로, 서라벌 등으로 불리었는데, 지증왕 때 나라 이름을 신라로 정했어요.
신라는 '덕업일신(德業日新) 망라사방(網羅四方)'의 줄임말로
왕의 업적이 날로 '새로워져 사방을 모두 아우른다.'라는 뜻이래요.
진흥왕이 대가야를, 태종 무열왕이 백제를,
문무왕이 고구려를 멸망시켜 삼국을 통일했지요.

알쏭달쏭 바로알기

틀린 곳을 맞게 고쳐 쓰세요.

- 신라는 ~~광주~~ 지역에서 출발했습니다. (　　　　　)
- ~~진흥왕~~ 때 나라 이름을 신라로 바꾸었습니다. (　　　　　)
- ~~무왕~~ 때 삼국을 통일했습니다. (　　　　　)

역사 용어 정리하기

□□는 한반도에서 약 1000년 동안 이어진 고대 국가입니다.

서라벌

신라의 옛 이름이자 수도 이름입니다

지금의 경상북도 경주입니다.
서라벌은 신라의 나라 이름 가운데 하나이자 수도 이름이었죠.
그러다 지증왕이 나라 이름을 신라로 정하고,
수도 이름은 서라벌 또는 금성이라고 했어요.
오늘날 수도를 가리키는 말인 서울이 서라벌에서 온 말이에요.
고려 때 경주로 이름이 바뀌었어요.

알쏭달쏭 바로알기

내용이 맞으면 ○표, 틀리면 X표를 하세요.

- 서라벌의 지금 지역은 안동입니다. (　　)
- 서라벌은 나라 이름이자 수도 이름이었습니다. (　　)
- 오늘날 수도를 가리키는 말인 서울은 서라벌에서 온 말입니다. (　　)

역사 용어 정리하기

☐☐☐은 신라의 옛 이름이자 수도 이름입니다.

박혁거세

신라를 세운 왕입니다

둥근 박처럼 생긴 알에서 태어나 성을 박이라고 했어요.
이름은 혁거세인데, 세상을 밝게 빛나게 한다는 뜻이에요.
그때 말로 왕을 거서간이라고 해서 박혁거세를 혁거세 거서간이라고 해요.
《삼국사기》에 따르면 여섯 마을 촌장이 알에서 태어난 박혁거세를
하늘에서 보내 주었다고 여겨 왕으로 삼았대요.

알쏭달쏭 바로알기

틀린 곳을 맞게 고쳐 쓰세요.

- 박혁거세의 성은 박처럼 생긴 알에서 태어나 ~~검~~입니다. (   )
- 박혁거세는 혁거세 ~~마립간~~이라고 합니다. (   )
- 사로국의 촌장들이 ~~고주몽~~을(를) 왕으로 삼았습니다. (   )

역사 용어 정리하기

□□□□는 신라를 세운 왕입니다.

거서간

신라에서 맨 처음 왕을 일컫던 말입니다

신라는 첫 왕인 박혁거세를 왕이라고 하지 않고 거서간으로 불렀어요.
거서간은 왕 또는 귀한 사람이란 뜻이에요.
왕을 일컫는 말은 차차웅, 이사금, 마립간, 왕으로 바뀌어 갔지요.
차차웅은 무당이란 뜻이에요.
이사금은 이가 많다는 뜻으로 나이가 많은 사람을 가리켜요.
마립간은 최고 우두머리를 뜻하지요.

알쏭달쏭 바로알기

틀린 곳을 맞게 고쳐 쓰세요.

- 거서간은 ~~재상~~ 또는 귀한 사람이라는 뜻입니다. (　　　　　)
- 차차웅은 ~~군인~~이란 뜻입니다. (　　　　　)
- 이사금은 ~~머리~~가 많다는 뜻입니다. (　　　　　)

역사 용어 정리하기

신라 사람들은 맨 처음에는 왕을 ☐☐☐이라고 불렀습니다.

가야

낙동강 유역에 있던 여러 작은 나라의 연맹체입니다

처음에는 금관가야가 가장 컸지만 나중에는 대가야가 더 커졌지요. 그렇지만 가야는 고구려, 백제, 신라처럼 큰 나라로 발전하지는 못했답니다. 가야에서는 질 좋은 철이 많이 나서 가야와 교역하는 나라가 많았어요. 바닷길을 이용하여 중국과 왜 등에 철을 수출했지요. 금관가야는 신라 법흥왕에, 대가야는 신라 진흥왕에 멸망당했어요.

가야의 판갑옷
넓은 철판을 잇대어 사람의 몸통에 맞게 통째로 만든 갑옷

알쏭달쏭 바로알기

두 단어 중 맞는 것에 ○표 하세요.

- 가야에는 (금관가야, 황금가야), 대가야 등이 있습니다.
- 금관가야와 대가야는 (신라, 백제)에 멸망당했습니다.
- 가야는 (주석, 철)을 중국과 왜 등에 수출했습니다.

역사 용어 정리하기

☐☐는 낙동강 유역에 있던 여러 나라의 연맹체입니다.

김수로

금관가야를 세운 왕입니다

《삼국유사》에 따르면 낙동강 유역의 아홉 마을 촌장이 하늘에서 내려온 금 상자를 얻었대요.
상자에는 알 여섯이 들어 있었는데, 그 알에서 남자아이들이 나왔어요.
그중 큰형인 김수로는 금관가야의 왕이 되었고, 동생들도 각각 가야의 왕이 되었대요.
김수로는 김해 김씨의 시조예요.

알쏭달쏭 바로알기

틀린 곳을 맞게 고쳐 쓰세요.

- 김수로 탄생 이야기는 《삼국사기》에 실려 있습니다. (　　　　　)
- 김수로는 은관가야의 왕이 되었습니다. (　　　　　)
- 김수로는 경주 김씨의 시조입니다. (　　　　　)

역사 용어 정리하기

□□□가 금관가야를 세웠습니다.

구지가

구지봉에서 가야 사람들이 왕을 맞이하려고 부른 노래입니다

경상남도 김해에는 구지봉이라는 야트막한 산봉우리가 있습니다.
봉우리의 모양이 엎드린 거북처럼 생겨서
'거북 구(龜)' 자를 써서 구지봉이라고 해요.
이 구지봉에서 가야 지역의 아홉 마을 촌장과 백성들이
구지가를 부르며 왕을 맞이했다고 해요.

알쏭달쏭 바로알기

틀린 곳을 맞게 고쳐 쓰세요.

- ~~구만봉~~은 김해에 있는 야트막한 봉우리입니다. (　　　　　)
- 봉우리가 ~~호랑이~~ 모양이어서 구지봉이라고 합니다. (　　　　　)
- 가야 지역 사람들이 ~~수로가~~를 부르며 왕을 맞이했다고 합니다. (　　　　　)

역사 용어 정리하기

가야 지역 사람들은 구지봉에서 □□□를 부르며 왕을 맞이했습니다.

난생 설화

사람이 알에서 태어났다는 이야기입니다

난생은 알 란(卵), 태어날 생(生)으로, 알에서 태어났다는 뜻이에요.
고구려의 주몽, 가야의 김수로, 신라의 박혁거세와 김알지가
알에서 태어났다는 난생 설화의 주인공이지요.
옛 사람들은 둥근 태양을 닮은 알을 특별하게 생각했어요.
또 알은 하늘과 땅을 오가는 새가 낳으니
알에서 태어난 사람을 하늘에서 보낸 특별한 사람이라고 생각했지요.

알쏭달쏭 바로알기

내용이 맞으면 ○표, 틀리면 X표를 하세요.

- 난생은 알에서 태어났다는 뜻입니다. (　　)
- 주몽, 김수로, 박혁거세, 온조는 모두 알에서 태어났습니다. (　　)
- 옛 사람들은 알에서 태어난 사람을 특별한 사람이라고 생각했습니다. (　　)

역사 용어 정리하기

□□ □□는 사람이 알에서 태어났다는 이야기입니다.

근초고왕

백제의 전성기를 이룬 왕입니다

백제의 영토를 가장 많이 넓혔습니다.
마한을 정복해 남해안까지 영토를 넓혔고,
고구려에 쳐들어가 평양성까지 진격하여 고국원왕을 죽였어요.
중국의 동진과 처음으로 공식 외교 관계를 맺었고,
아직기와 왕인을 일본에 보내 《천자문》과 《논어》를 전해 주었습니다.
백제의 역사책인 《서기》를 편찬해 나라의 권위를 높였습니다.

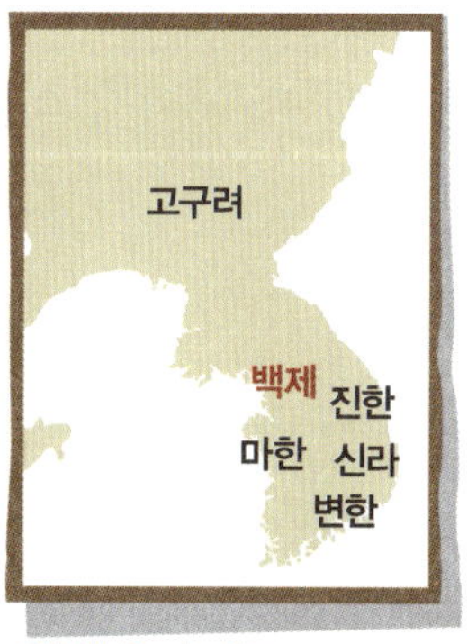

백제 초기 지도

근초고왕 때 지도

알쏭달쏭 바로알기

틀린 곳을 맞게 고쳐 쓰세요.

- 근초고왕은 ~~고구려~~의 영토를 가장 많이 넓혔습니다. (　　　　　)
- 근초고왕은 아직기와 왕인을 ~~중국~~에 보냈습니다. (　　　　　)
- 근초고왕 때 백제의 역사책인 《~~동기~~》를 편찬했습니다. (　　　　　)

역사 용어 정리하기

□□□□ 때가 백제의 전성기였습니다.

소수림왕

고구려에 불교를 받아들이고 율령을 반포한 왕입니다

고국원왕의 아들로 어려움에 처한 고구려를 일으켜 세웠습니다.
삼국 중에서 가장 먼저 불교를 받아들여 백성의 마음을 하나로 모았지요.
또한 최초의 국립 학교인 태학을 세웠고,
오늘날의 법령에 해당하는 율령을 반포했어요.
이를 바탕으로 고구려는 광개토 대왕, 장수왕 때 전성기를 맞이할 수 있었지요.

알쏭달쏭 바로알기

틀린 곳을 맞게 고쳐 쓰세요.

- 소수림왕은 어려움에 처한 신라를 일으켜 세웠습니다. (　　　　　)
- 고구려는 삼국 중에서 가장 먼저 유교를 받아들였습니다. (　　　　　)
- 소수림왕은 최초의 국립 학교인 소학을 세웠습니다. (　　　　　)

역사 용어 정리하기

□□□□은 고구려에 불교를 받아들이고 율령을 반포했습니다.

광개토 대왕

고구려를 동북아시아의 대국으로 만든 왕입니다

이름은 담덕이고, 소수림왕의 조카입니다.
18세에 왕위에 올라
고구려의 영토를 크게 넓혀
드넓은 만주 땅이
고구려 땅이 되었지요.
그래서 왕의 이름이
광개토 대왕이 됐어요.
'광개토'가 땅을 넓게 개척했다는
뜻이거든요.
광개토 대왕은 안타깝게도
39세라는 젊은 나이에
세상을 떠났습니다.

알쏭달쏭 바로알기

두 단어 중 맞는 것에 ○표 하세요.

- 광개토 대왕은 (장수왕, 소수림왕)의 조카입니다.
- 광개토 대왕은 드넓은 (요서, 만주)를 고구려 땅으로 만들었습니다.
- 광개토는 (시장, 땅)을 넓게 개척했다는 뜻입니다.

역사 용어 정리하기

□□□ □□은 고구려를 동북아시아의 대국으로 만들었습니다.

장수왕

고구려 최대의 전성기를 만든 왕입니다

광개토 대왕의 맏아들입니다.
무려 97세까지 살아 장수왕이라고 했는데,
왕위에도 79년이나 있었어요.
수도를 국내성에서 평양성으로 옮기고,
한반도 남쪽에도 신경을 썼지요.
백제 개로왕을 죽이고
한강 남쪽까지 영토를 넓혔어요.
아버지의 업적을 기리는
광개토 대왕릉비를 세웠어요.

알쏭달쏭 바로알기

틀린 곳을 맞게 고쳐 쓰세요.

- 장수왕은 수도를 국내성에서 ~~한성~~으로 옮겼습니다. (　　　　　)
- 장수왕은 백제를 쳐들어가 ~~낙동강~~ 남쪽을 차지했습니다. (　　　　　)
- ~~개로왕~~이 광개토 대왕릉비를 세웠습니다. (　　　　　)

역사 용어 정리하기

고구려 최대의 전성기는 □□□ 때입니다.

지증왕

나라 이름을 신라로 정한 왕입니다

64세의 늦은 나이로 왕이 됐어요.
나라 이름을 신라로 정하고, 왕의 칭호를 마립간에서 왕으로 바꾸었지요.
소를 농사에 이용하는 우경을 실시해 농업을 발전시켰어요.
또 이사부에게 지금의 울릉도와 독도인 우산국을 점령하게 했어요.
이때부터 울릉도와 독도가 우리 땅이 됐답니다.

알쏭달쏭 바로알기

틀린 곳을 맞게 고쳐 쓰세요.

- 지증왕은 나라 이름을 사로로 정했습니다. (　　　　　)
- 지증왕은 왕의 칭호를 마립간에서 황제(으)로 바꿨습니다. (　　　　　)
- 지증왕은 우경을 실시하고, 탐라국을 점령했습니다. (　　　　　)

역사 용어 정리하기

□□□이 나라 이름을 신라로 정했습니다.

진흥왕

신라 영토를 크게 넓히고 강한 나라로 만든 왕입니다

어린 나이에 왕위에 올라 신라를 강한 나라로 만들었습니다.
진흥왕은 먼저 백제와 함께 고구려를 쳐서 한강 유역을 차지했어요.
대가야를 정복하고, 함경도 지역까지 땅을 넓혔지요.
새로 정복한 곳마다 이를 기념하는 순수비를 세웠어요.
또한 거칠부에게 역사책인 《국사》를 편찬하게 하고,
화랑도를 발전시켜 인재를 키워 냈어요.

알쏭달쏭 바로알기

내용이 맞으면 ○표, 틀리면 X표를 하세요.

- 진흥왕은 백제와 함께 고구려를 쳐서 한강 유역을 차지했습니다. (　　)
- 진흥왕은 금관가야를 정복했습니다. (　　)
- 진흥왕은 화랑도를 발전시켜 나라의 인재를 키웠습니다. (　　)

역사 용어 정리하기

☐☐☐은 신라 영토를 크게 넓히고 강한 나라로 만들었습니다.

진대법

곡식을 빌려주어 가난한 사람을 돕던 고구려 제도입니다

고구려 고국천왕이 국상 을파소의 요청으로 실시했어요.
'진'은 곡식이나 물자를 나눠 주어 도움을 준다는 뜻이고,
'대'는 돈이나 물품을 꾸어 준다는 뜻이에요.
진대법은 양식이 부족한 봄에 곡식을 빌려주었다가
가을 추수 뒤에 다시 받는 제도이지요.
진대법은 우리나라에서 처음 실시된 빈민 구제 제도랍니다.
진대법과 비슷한 제도들이 고려, 조선에서도 실시되었어요.

알쏭달쏭 바로알기

틀린 곳을 맞게 고쳐 쓰세요.

- 진대법은 고구려 소수림왕 때 시행되었습니다. (   )
- 진대법은 국상 거칠부의 요청으로 실시되었습니다. (   )
- 발해, 조선에도 진대법과 비슷한 제도가 있었습니다. (   )

역사 용어 정리하기

□□□은 곡식을 빌려주어 가난한 사람을 돕던 고구려 제도입니다.

만장일치

화백 회의

신라의 귀족들이 중요한 나랏일을 의논한 회의입니다

화백 회의에서는 새로운 왕을 누구로 삼을지, 전쟁을 해야 하는지,
불교를 받아들일지 같은 나라의 중요한 일을 의논했어요.
화백 회의는 만장일치가 원칙이었지요.
그래서 한 명이라도 반대하면 왕이라도 마음대로 할 수 없었어요.
왕의 힘이 세어지면서 화백 회의의 권한은 점차 약해졌지요.

알쏭달쏭 바로알기

틀린 곳을 맞게 고쳐 쓰세요.

- 화백 회의에서는 ~~집안~~의 중요한 일을 의논했습니다. (　　　　　　)
- 화백 회의는 ~~다수결~~이(가) 원칙이었습니다. (　　　　　　)
- ~~귀족~~의 힘이 세어지면서 화백 회의의 권한은 약해졌습니다. (　　　　　　)

역사 용어 정리하기

신라의 귀족들은 □□ □□에서 중요한 나랏일을 의논했습니다.

화랑도

신라의 청소년들이 몸과 마음을 수련하던 단체입니다

화랑도는 '꽃처럼 아름다운 남자'라는 뜻의 화랑과
그를 따르는 수많은 낭도로 이루어졌어요.
화랑은 귀족 자제 중 용모가 반듯하고 지도력이 있는 사람이 되었지요.
화랑도는 단체 생활을 하면서 마음을 닦고 군사 훈련도 받았어요.
불교의 계율과 비슷한 세속 오계를 지켰으며, 삼국 통일에도 큰 공을 세웠어요.
김유신 장군, 관창, 사다함 등이 유명한 화랑이에요.

알쏭달쏭 바로알기

두 단어 중 맞는 것에 ○표 하세요.

- 화랑도는 화랑과 그를 따르는 수많은 (낭도, 낭자)로 이루어졌습니다.
- 화랑도는 (개인, 단체) 생활을 했습니다.
- 화랑도는 세속 (오계, 십계)를 지켰습니다.

역사 용어 정리하기

신라의 청소년들은 ☐☐☐에서 몸과 마음을 수련했습니다.

이차돈

불교를 위해 목숨을 바친 신라 사람입니다

성은 박씨이고 이름이 이차돈으로, 불교를 믿었습니다.
그때 법흥왕은 불교를 나라의 종교로 받아들이려고 했지만 귀족들이 반대했어요.
이차돈은 법흥왕을 찾아가 자신을 죽이면 신기한 일이 일어날 거라고 했지요.
왕이 이차돈을 처형하자 이차돈의 목에서 흰 피가 솟구쳐 올랐어요.
귀족들은 반대를 거두었고 신라는 불교를 받아들였지요.

이차돈 순교비

알쏭달쏭 바로알기

틀린 곳을 맞게 고쳐 쓰세요.

- 이차돈은 백제 사람입니다. (　　　　　)
- 지증왕은 불교를 나라의 종교로 받아들이려고 했습니다. (　　　　　)
- 이차돈의 죽음으로 신라는 기독교를 받아들였습니다. (　　　　　)

역사 용어 정리하기

□□□은 불교를 위해 목숨을 바쳤습니다.

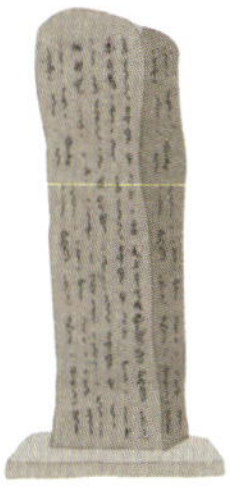

광개토 대왕릉비

광개토 대왕의 업적을 기록한 비석입니다

광개토 대왕의 아들인 장수왕이 세웠습니다.
고구려의 두 번째 수도이던
국내성(중국 지린성 지안)에 있어요.
비석의 4면 전체에 광개토 대왕의 업적과
왕릉을 지킬 묘지기의 명단이 적혀 있지요.
높이가 6m가 넘고 새겨진
글자는 1,800자 가까이 되어요.
우리나라 고대의 역사를 연구하는 데
아주 귀중한 자료예요.

광개토 대왕릉비 탁본

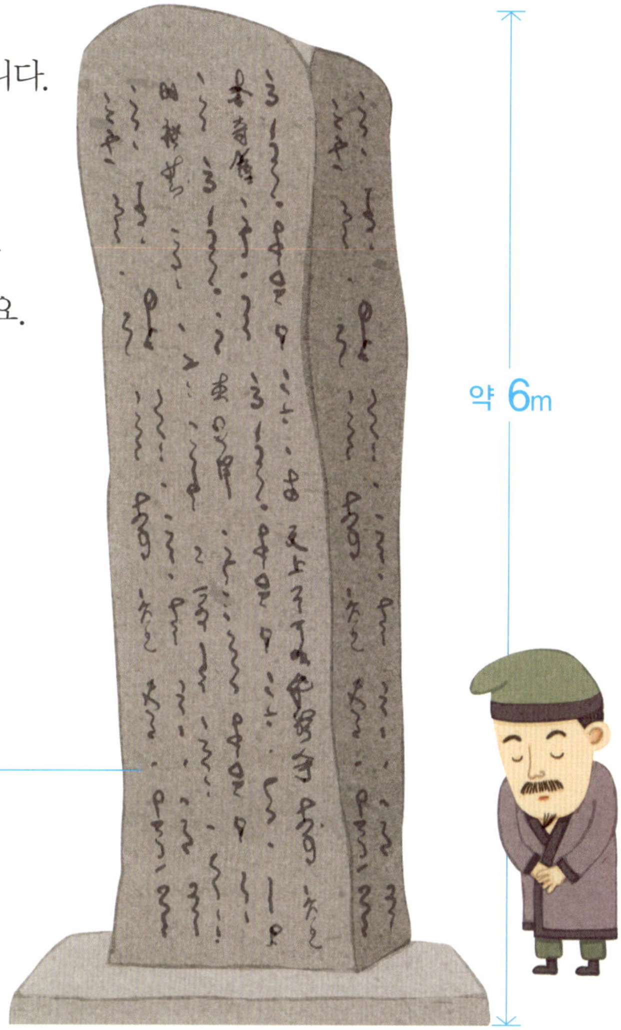

알쏭달쏭 바로알기

틀린 곳을 맞게 고쳐 쓰세요.

- 광개토 대왕릉비는 ~~광개토 대왕~~이 세웠습니다. (   )
- 광개토 대왕릉비는 ~~발해~~ 수도이던 국내성에 세워졌습니다. (   )
- 광개토 대왕릉비는 ~~2~~면에 글자가 새겨져 있습니다. (   )

역사 용어 정리하기

광개토 대왕의 업적을 기록한 비석은 □□□ □□□□입니다.

장군총

중국 지안에 있는 커다란 계단식 고구려 돌무덤입니다

중국 지안에는 고구려 무덤이 많아요.
고구려의 두 번째 수도인 국내성이 있었거든요.
그중 장군총은 화강암을 다듬어 7층 계단처럼 쌓아 올린 무덤으로,
피라미드처럼 보여 '동방의 피라미드'라고 부르기도 해요.
어떤 장군의 무덤이라고 여겨 장군총이라는 이름으로 불렸지만
지금은 광개토 대왕이나 장수왕의 무덤으로 추정하고 있어요.

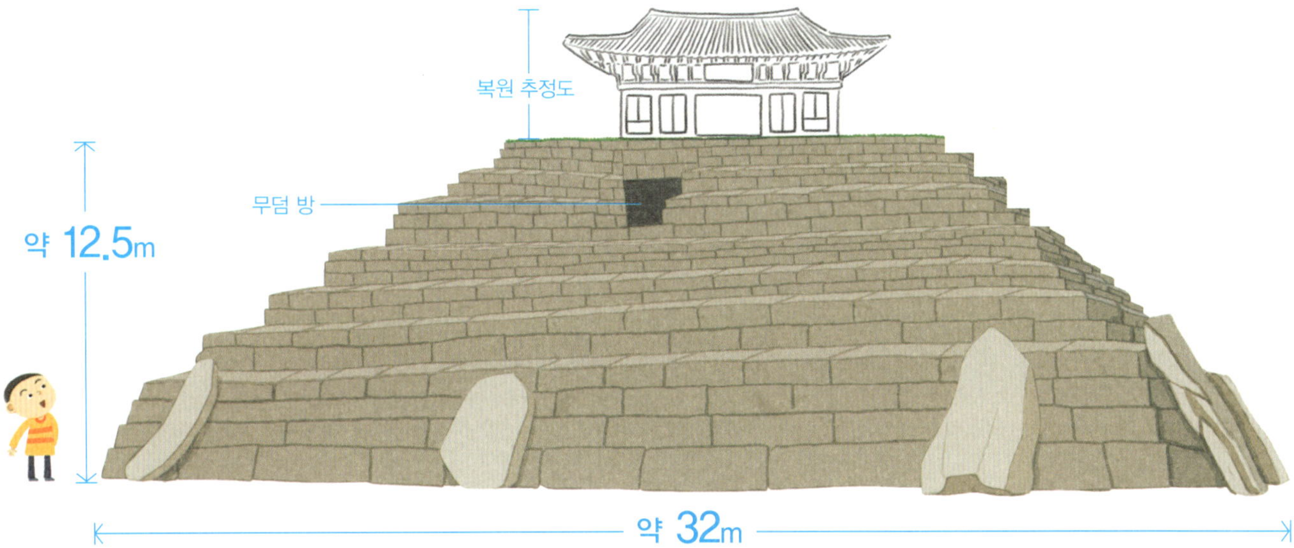

알쏭달쏭 바로알기

내용이 맞으면 ○표, 틀리면 X표를 하세요.

- 장군총은 국내성이 있던 중국 지안에 있습니다. (　　)
- 장군총은 화강암을 다듬어 10층 계단처럼 쌓아 올렸습니다. (　　)
- 장군총은 광개토 대왕이나 장수왕의 무덤으로 추정하고 있습니다. (　　)

역사 용어 정리하기

□□□은 중국 지안에 있는 커다란 계단식 고구려 돌무덤입니다.

고구려 고분 벽화

고구려 무덤 안에 그려진 그림입니다

고구려 무덤 안에는 돌로 만든 방이 있고,
이 방의 벽과 천장에 벽화가 그려져 있어요.
주로 무덤 주인들이 살아 있을 때의 생활 모습이나
무덤을 지켜 주는 사신도 등을 그렸어요.
죽은 뒤에도 살아 있을 때처럼 살기를 바라는 마음에서 그린 그림이에요.
그중 말을 타고 활을 쏘며 사냥하는 모습을 그린 수렵도가 유명해요.

무용총에 그려진 수렵도

안악 3호분에 그려진 고구려 귀족

알쏭달쏭 바로알기

틀린 곳을 맞게 고쳐 쓰세요.

- 고구려 무덤 안에는 ~~나무~~로 만든 방이 있습니다. (　　　　　)
- 고구려 고분의 ~~바닥~~과 천장에는 그림이 그려져 있습니다. (　　　　　)
- ~~고조선~~ 고분 벽화에는 무덤 주인의 생활 모습을 그렸습니다. (　　　　　)

역사 용어 정리하기

고구려 무덤 안에는 고구려 □□ □□가 그려져 있습니다.

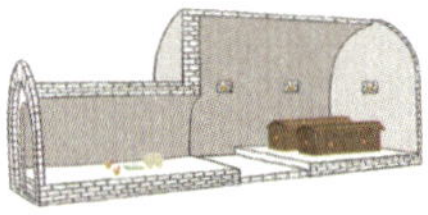

무령왕릉

공주에 있는 백제 무령왕과 왕비의 무덤입니다

벽돌을 차곡차곡 쌓아 만든 이 무덤에서 무덤 주인을 기록한 묘지석이 나왔어요.
이 묘지석 때문에 무덤 주인이 무령왕이라는 것을 알게 되었지요.
무령왕릉에서는 금관 장식품을 비롯해 4,600점 정도의 유물이 발견됐어요.
모두 화려하고 세련된 백제 문화를 잘 보여 주는 유물들이지요.
한편 무령왕은 백제 25대 왕으로 기울어 가던 백제를 다시 일으켜 세웠고,
중국, 일본과 활발하게 교류했어요.

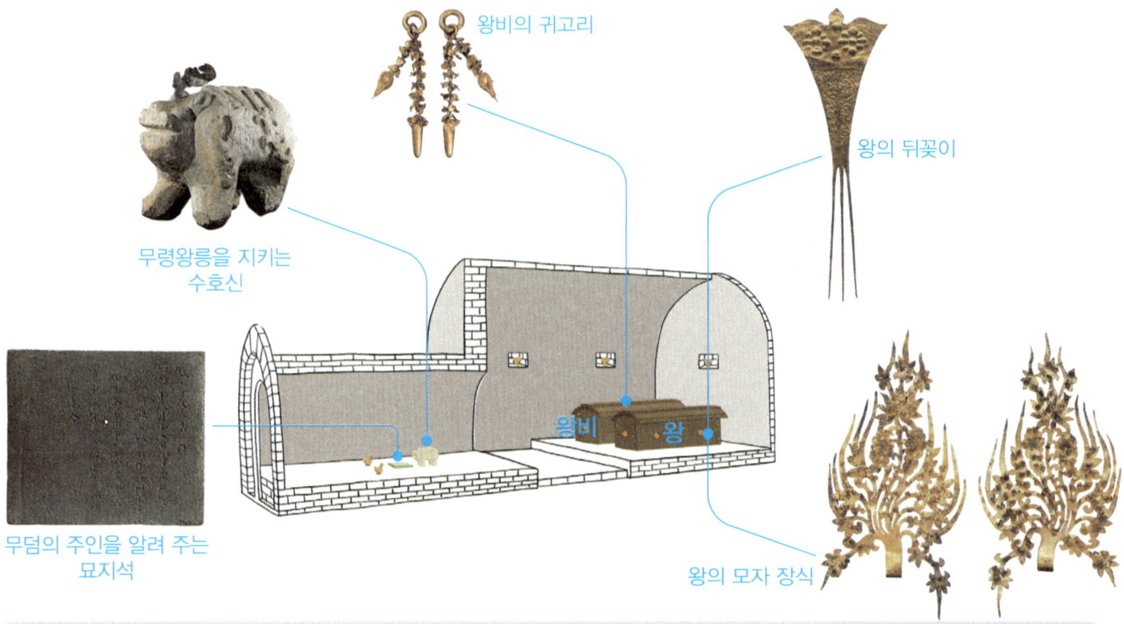

알쏭달쏭 바로알기

틀린 곳을 맞게 고쳐 쓰세요.

- 무령왕릉은 흙을 차곡차곡 쌓아 만들었습니다. (　　　　　　)
- 모지석이 발견되어 무령왕의 무덤임을 알게 되었습니다. (　　　　　　)
- 무령왕은 기울어 가던 신라를 다시 일으켜 세운 왕입니다. (　　　　　　)

역사 용어 정리하기

□□□□은 공주에 있는 백제 무령왕과 왕비의 무덤입니다.

서산 용현리 마애여래 삼존상

서산 가야산 바위에 새겨져 있는 백제 불상입니다

충청남도 서산 용현리의 마애여래 삼존상은 바위 절벽에 새겨져 있습니다.
'마애'는 바위에 새긴 그림을, '여래'는 부처를,
'삼존상'은 불상 셋을 뜻하는 말입니다.
불상 셋 중에서는 가운데 석가모니 불상이 가장 유명합니다.
이 불상의 웃는 모습이 온화하고 오묘하다고 하여 '백제의 미소'라고 불립니다.

백제의 미소를 띤 부처의 얼굴

알쏭달쏭 바로알기

두 단어 중 맞는 것에 ○표 하세요.

- 서산 용현리 마애여래 삼존상은 (바위, 나무)에 새겨져 있습니다.
- 마애는 바위에 새긴 그림을, 여래는 (부처, 공자)를 뜻합니다.
- 가운데 불상의 웃음을 '(백제, 신라)의 미소'라고 합니다.

역사 용어 정리하기

서산 용현리 □□□□ □□□은 서산 가야산에 있습니다.

백제 금동 대향로

부여 능산리의 절터에서 발견된 백제의 향로입니다

백제 금동 대향로는 향을 피우려고 만든 물건이에요.
향로 안에 향을 피우고 뚜껑을 닫으면 뚜껑에 있는 틈새로 향이 나오지요.
백제 금동 대향로는 용 한 마리가 연꽃 봉오리를 물고 하늘로 올라가는 모습이에요.
연꽃 봉오리에는 여러 사람과 다양한 동식물이 숨어 있어요.
백제 장인들의 뛰어난 솜씨를 잘 보여 주는 아름다운 예술품이에요.

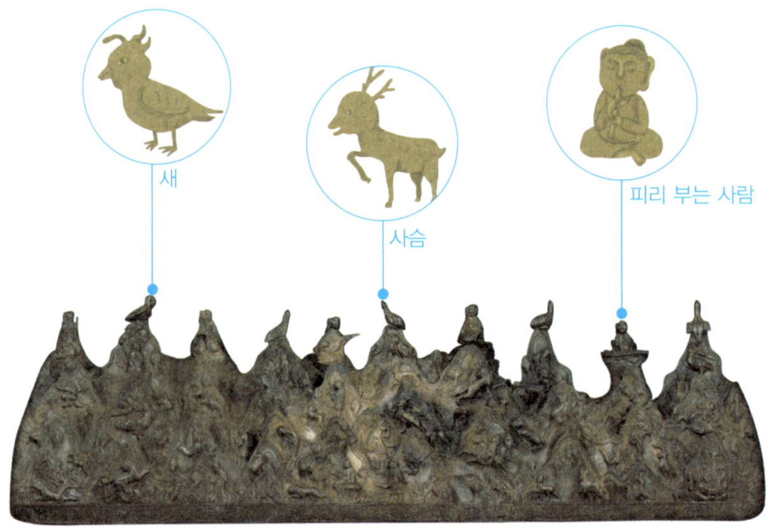

알쏭달쏭 바로알기

틀린 곳을 맞게 고쳐 쓰세요.

- 백제 금동 대향로는 ~~불~~을 피우려고 만들었습니다. (   )
- 백제 금동 대향로는 용이 ~~장미~~ 봉오리를 물고 있는 모습입니다. (   )
- 백제 금동 대향로는 ~~공주~~ 능산리 절터에서 발견되었습니다. (   )

역사 용어 정리하기

백제 ☐☐ ☐☐☐는 부여 능산리 절터에서 발견된 백제의 향로입니다.

천마도

경주 천마총 안에서 나온 하늘을 나는 말 그림입니다

무덤 안에서 '하늘을 나는 말(천마天馬)' 그림이 나와서 무덤 이름도 천마총이라고 해요.
천마도는 사람이 말을 탈 때 옷에 흙이 튀지 않도록 늘어뜨리는 말다래에 그려져 있어요.
천마총 말다래는 자작나무로 만들어져 있어요.
천마도는 하나밖에 남아 있지 않은 신라의 그림이라 매우 귀중한 문화유산이에요.

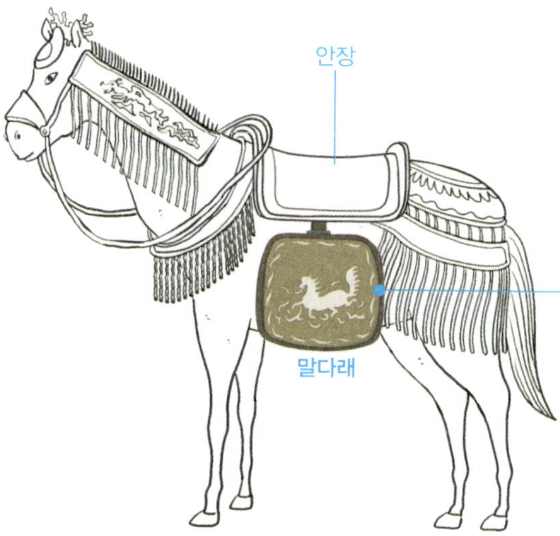

알쏭달쏭 바로알기

틀린 곳을 맞게 고쳐 쓰세요.

- 천마도가 나온 무덤의 이름을 청마총이라고 합니다. (　　　　　　)
- 천마도는 자작나무로 만든 말채찍에 그려져 있습니다. (　　　　　　)
- 천마도는 하나밖에 남아 있지 않은 가야의 그림입니다. (　　　　　　)

역사 용어 정리하기

천마총 안에서 하늘을 나는 말을 그린 ☐☐☐가 나왔습니다.

경주 첨성대

신라 선덕 여왕 때 세운 천문대입니다

첨성대는 볼 첨(瞻), 별 성(星), 높은 자리 대(臺)로, 말 그대로 '별을 보는 높은 자리'라는 뜻입니다. 우리 조상들은 일찍이 하늘의 움직임을 살피고, 이를 바탕으로 사람들의 생활에 필요한 정보를 얻었어요. 또한 하늘의 움직임을 보고 나라의 길흉을 점치기도 했지요. 경주 첨성대는 동양에서 가장 오래된 천문대로, 국보로 지정되었어요.

알쏭달쏭 바로알기

내용이 맞으면 ○표, 틀리면 X표를 하세요.

- 첨성대는 '땅을 보는 높은 자리'라는 뜻입니다. (　　)
- 첨성대는 선덕 여왕 때 세워졌습니다. (　　)
- 경주 첨성대는 동양에서 가장 오래된 천문대입니다. (　　)

역사 용어 정리하기

경주 □□□는 동양에서 가장 오래된 천문대입니다.

금관총

신라 금관이 처음으로 출토된 경주에 있는 무덤입니다

금관총은 금관이 처음으로 출토되어 붙인 이름이에요.
금관총 금관에는 수많은 옥돌과 금 장식이 달려 있어요.
금관총에서는 금관 말고도 금귀걸이, 금팔찌 등
금으로 만든 유물만 7kg이 넘게 나왔어요.
다른 신라 무덤에서도 금으로 만든 장신구가 많이 나왔어요.
그래서 신라를 '황금의 나라'라고 불러요.

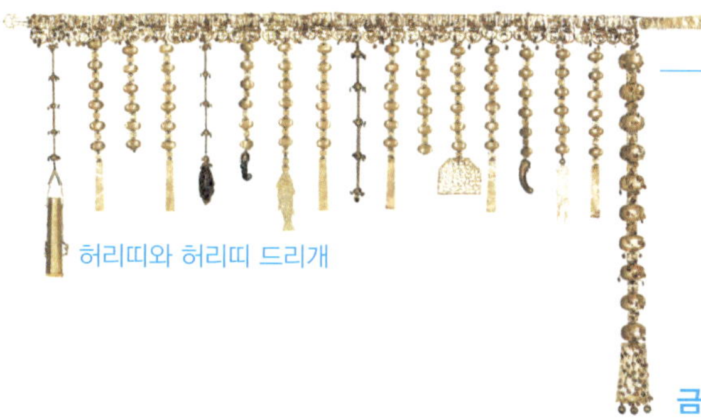

금관총의 장신구를 착용한 추정도

알쏭달쏭 바로알기

틀린 곳을 맞게 고쳐 쓰세요.

- ~~왕관총~~은 금관이 처음으로 출토되어 붙은 이름입니다. (　　　　　)
- 금관에는 수많은 ~~루비~~와(과) 금 장식이 달려 있습니다. (　　　　　)
- 신라를 '~~장신구~~의 나라'라고 합니다. (　　　　　)

역사 용어 정리하기

□□□에서 신라 금관이 처음으로 출토되었습니다.

가야금

가야에서 만든 12줄의 우리나라 전통 현악기입니다

가야의 가실왕이 만들었다고 해요.
가실왕은 궁중 악사 우륵에게 가야금으로 가야의 음악을 정리하도록 했어요.
가야가 혼란스러워지자 우륵은 가야금을 들고 신라로 건너갔지요.
우륵 덕분에 가야금은 신라에 뿌리를 내렸고,
거문고와 함께 우리나라를 대표하는 현악기가 되었습니다.

알쏭달쏭 바로알기

틀린 곳을 맞게 고쳐 쓰세요.

• 가야금은 가야 구야왕이 만들었다고 합니다. (　　　　　)

• 가야의 우륵이 거문고를(을) 들고 신라로 건너갔습니다. (　　　　　)

• 가야금은 우리나라를 대표하는 목관악기입니다. (　　　　　)

역사 용어 정리하기

□□□은 가야에서 만든 12줄의 우리나라 전통 현악기입니다.

백제 박사

학문과 기술이 뛰어난 백제의 전문가를 일컫는 말입니다

백제는 나라에서 전문가에게 박사라는 칭호를 붙여 주었어요.
유교 경전을 잘 알면 오경박사, 의술이 뛰어나면 의박사,
탑을 잘 쌓으면 노반박사, 기와를 잘 만들면 와박사라고 했지요.
백제의 박사들은 일본의 문화 발달에 큰 공을 세웠어요.
백제 박사 왕인은 일본에 《천자문》과 《논어》를 전해 주었고,
와박사 석마제미와 노반박사 장덕 등은 일본의 호류사를 짓는 데 도움을 주었어요.

알쏭달쏭 바로알기

두 단어 중 맞는 것에 ○표 하세요.

- 백제는 나라에서 전문가에게 (석사, 박사)라는 칭호를 붙여 주었습니다.
- 박사 왕인은 일본에 《(훈민정음, 천자문)》을 전해 주었습니다.
- 와박사와 노반박사는 (일본, 중국)의 호류사를 짓는 데 도움을 주었습니다.

역사 용어 정리하기

백제 ☐☐는 학문과 기술이 뛰어난 백제의 전문가를 일컫는 말입니다.

왕인

일본에 유학을 전한 백제의 학자입니다

왕인은 우리나라 역사책에는 나오지 않아요.
일본의 역사책인 《일본서기》에만 나와요.
《일본서기》에 따르면 왕인은 일본 왕의 초청을 받아
《천자문》과 《논어》 10권을 가지고 일본으로 건너갔어요.
왕인은 일본 태자의 스승이 되어 유학을 가르쳤지요.
일본에서는 왕인을 일본 유학의 스승으로 받들어 모시고 있어요.

알쏭달쏭 바로알기

틀린 곳을 맞게 고쳐 쓰세요.

- 왕인은 원래 ~~신라~~ 사람입니다. (   )
- 왕인은 일본에 ~~경제학~~을 전해 주었습니다. (   )
- 왕인은 일본 ~~왕~~의 스승이 되었습니다. (   )

역사 용어 정리하기

□□은 일본에 유학을 전한 백제의 학자입니다.

담징

일본 호류사에 벽화를 그린 고구려의 승려입니다

담징은 일본으로 건너가 일본 사람들에게 불법을 전해 주었어요.
또 종이와 먹 만드는 법도 전해 주었지요.
그림에 뛰어난 담징은 호류사에 벽화를 그렸다고 해요.
이 벽화는 동양의 3대 미술품으로 손꼽힐 정도로 뛰어났지요.
하지만 아쉽게도 1949년에 불에 타 사라지고 말았어요.

알쏭달쏭 바로알기

틀린 곳을 맞게 고쳐 쓰세요.

- 담징은 원래 ~~백제~~의 승려였습니다. (　　　　　)
- 담징은 ~~중국~~ 사람들에게 불법을 전해 주었습니다. (　　　　　)
- 담징은 일본에 ~~칠기~~와 먹 만드는 법을 전해 주었습니다. (　　　　　)

역사 용어 정리하기

고구려 승려 □□은 일본 호류사에 벽화를 그렸습니다.

금동 미륵보살 반가 사유상

미륵보살이 생각하는 모습을 조각한 불상입니다

미륵보살은 먼 훗날 부처가 되어 사람들을 구원한다는 보살이에요.
반가 사유상은 한쪽 다리를 다른 쪽 다리에 걸치고(반가半跏)
생각에 잠겨 있는(사유思惟) 모습을 조각한 불상을 말해요.
금동 미륵보살 반가 사유상은 삼국 시대에 많이 만들어졌어요.
그중 높이가 93.5센티미터에 이르는 금동 미륵보살 반가 사유상이 가장 유명해요.

국보(높이 93.5cm)

보물(높이 28.2cm)

국보(높이 83.2cm)

알쏭달쏭 바로알기

내용이 맞으면 ○표, 틀리면 X표를 하세요.

- 미륵보살은 먼 훗날 부처가 되어 사람들을 구원한다고 합니다. (   )
- 반가 사유상은 한쪽 다리를 다른 쪽 다리에 걸친 모습입니다. (   )
- 금동 미륵보살 반가 사유상은 조선 시대에 많이 만들어졌습니다. (   )

역사 용어 정리하기

금동 □□□□ □□ □□□은 미륵보살이 생각하는 모습입니다.

경주 분황사 모전 석탑

경주 분황사에 있는 벽돌 모양의 돌로 쌓은 신라의 탑입니다

선덕 여왕 때 만들어졌어요.
지금까지 남아 있는 신라의 탑 중에서
가장 오래됐지요.
돌을 벽돌 모양으로 다듬어
차곡차곡 쌓아 만들었어요.
이렇게 벽돌(전塼)을 모방(模倣)한 석탑을
모전 석탑이라고 해요.
분황사 석탑은 현재 3층만 남아 있는데,
원래 9층 또는 7층이었을 거라고 해요.
분황사는 임진왜란 때 불타 버렸지요.

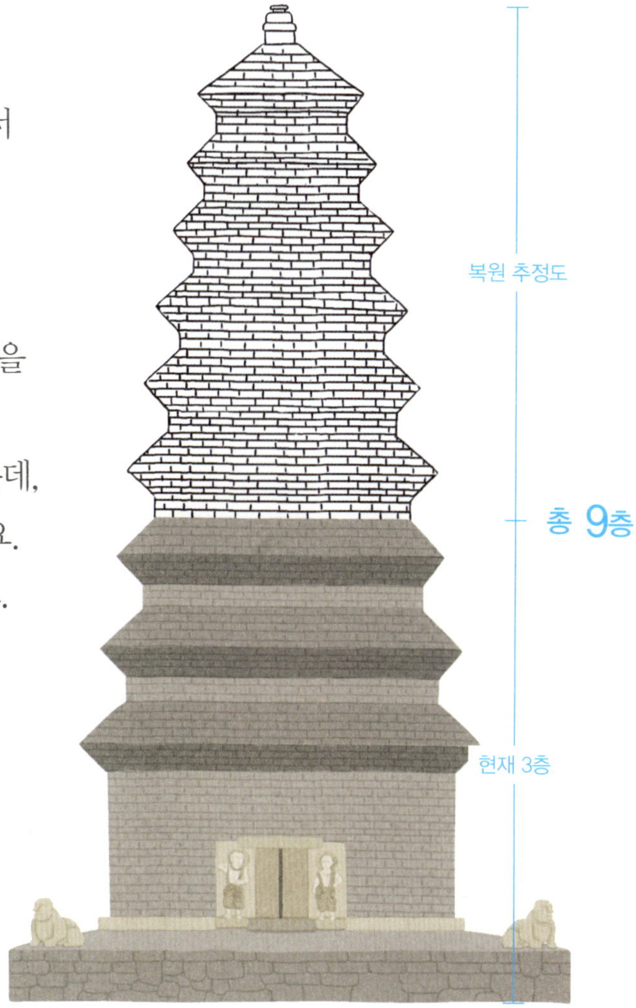

알쏭달쏭 바로알기

틀린 곳을 맞게 고쳐 쓰세요.

- 경주 분황사 모전 석탑은 신라 ~~진덕~~ 여왕 때 만들어졌습니다. (   )
- 경주 분황사 모전 석탑은 ~~나무~~를(을) 벽돌 모양으로 다듬어 쌓았습니다. (   )
- 현재 경주 분황사 모전 석탑은 ~~9~~층이 남아 있습니다. (   )

역사 용어 정리하기

경주 ☐☐☐ 모전 ☐☐은 벽돌 모양의 돌로 쌓은 신라의 탑입니다.

익산 미륵사지 석탑

익산 미륵사 터에 있는 백제의 석탑입니다

우리나라 석탑 중에서 가장 크고 오래됐습니다.
탑의 기둥과 벽, 지붕 등을 돌로 일일이 짜 맞추어
겉모습이 나무로 지은 목조 건물과 비슷해요.
일제 강점기 때 시멘트로 보수하여
본래 모습이 많이 훼손됐어요.
20년 넘게 복원 공사가 진행되었지요.

복원 공사 전의 미륵사지 석탑

알쏭달쏭 바로알기

틀린 곳을 맞게 고쳐 쓰세요.

- 익산 미륵사지 석탑은 ~~정림사~~에 있던 탑입니다. (　　　　　)
- 익산 미륵사지 석탑은 우리나라에서 가장 오래된 ~~목탑~~입니다. (　　　　　)
- 익산 미륵사지 석탑의 겉모습은 ~~철조~~ 건물과 비슷합니다. (　　　　　)

역사 용어 정리하기

익산 □□□□ □□은 익산에 있는 백제의 석탑입니다.

살수 대첩

고구려가 살수에서 수나라를 크게 무찌른 싸움입니다

살수는 청천강의 옛 이름이고, 대첩은 크게(대大) 이긴다(첩捷)는 뜻이에요.
중국 수나라는 동북아시아의 강국인 고구려를 아래에 두려고 여러 번 쳐들어왔어요.
특히 양제는 100만 명이 넘는 군대를 직접 이끌고 고구려로 쳐들어왔지요.
을지문덕 장군은 지는 척하면서 수나라 군대를 평양성까지 유인한 다음,
물러가던 수나라 군대를 살수에서 크게 무찔렀어요.

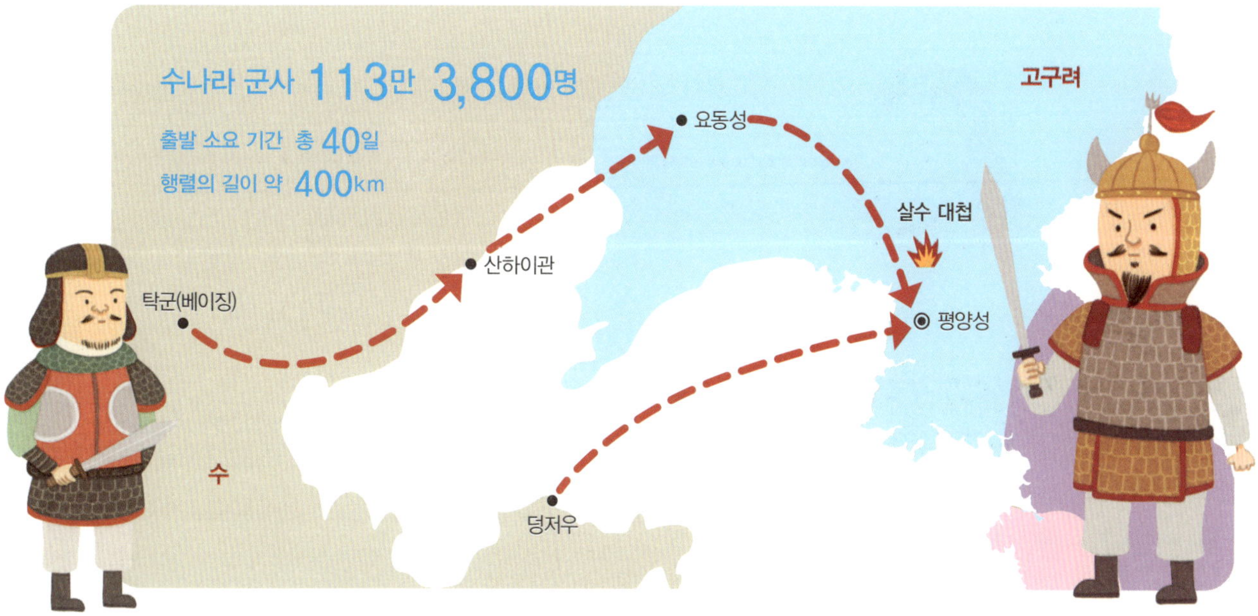

알쏭달쏭 바로알기

두 단어 중 맞는 것에 ○표 하세요.

- 살수는 (두만강, 청천강)의 옛 이름입니다.
- 중국 (수나라, 송나라)는 고구려를 여러 번 쳐들어왔습니다.
- (강감찬, 을지문덕)이 살수에서 수나라 군대를 크게 무찔렀습니다.

역사 용어 정리하기

□□ □□은 고구려가 살수에서 수나라를 크게 이긴 싸움입니다.

여수장우중문

고구려의 을지문덕이 수나라 장수 우중문에게 보낸 시입니다

여(與)는 준다는 뜻이고, 수장은 수나라 장수, 우중문은 이름이지요.
을지문덕은 뛰어난 장군이기도 하지만 시도 잘 지었어요.
수나라 군대가 수도인 평양성 가까이 왔을 때 을지문덕이 이 시를 보냈어요.
'네가 잘나서 전쟁에 이겼으니 그만 만족하고 돌아가라'며
자신감 있게 비웃는 내용이죠.
을지문덕은 돌아가는 수나라 군대를 살수에서 쳐서 크게 이겼지요.

알쏭달쏭 바로알기

틀린 곳을 맞게 고쳐 쓰세요.

• 을지문덕은 뛰어난 장군이기도 했지만 소설도 잘 지었습니다. (　　　　　)
• 을지문덕은 당나라 군대를 살수에서 무찔렀습니다. (　　　　　)
• 여수장우중문은 수나라 장수 우장춘을 비웃는 내용입니다. (　　　　　)

역사 용어 정리하기

□□□□□□은 을지문덕이 우중문에게 보낸 시입니다.

안시성 전투

고구려가 안시성에서 당나라와 벌인 싸움입니다

당나라 태종이 수나라에 이어 고구려에 쳐들어왔어요.
안시성은 중국의 랴오허강 동쪽 지역인 요동에 있었는데,
성주와 백성들이 똘똘 뭉쳐 성을 지키고 있었지요.
당나라는 흙으로 높은 산을 쌓고 안시성을 공격하다가 흙산이 무너졌어요.
고구려는 이 틈을 타 당나라군이 쌓은 산을 빼앗았지요.
안시성 전투에서 지친 당나라는 고구려에서 물러날 수밖에 없었어요.

알쏭달쏭 바로알기

틀린 곳을 맞게 고쳐 쓰세요.

- 중국 당나라 ~~현종~~이 고구려에 쳐들어왔습니다. (　　　　　)
- 안시성은 랴오허강 동쪽 지역인 ~~요서~~에 있었습니다. (　　　　　)
- ~~공시성~~ 전투에서 지친 당나라는 고구려를 떠났습니다. (　　　　　)

역사 용어 정리하기

□□□ 전투는 고구려가 안시성에서 당나라와 벌인 전투입니다.

선덕 여왕

신라 최초의 여왕입니다

이름은 덕만이고, 진평왕의 맏딸이에요.
특별 신분인 성골이어서 진평왕이 아들 없이 죽자 왕이 되었어요.
분황사 등 많은 절을 짓고, 아파트 27층 높이의 황룡사 9층 목탑도 쌓았지요.
그렇지만 백제의 침입이 끊이지 않았고, 영토도 많이 빼앗겼어요.
선덕 여왕은 백제를 막으려고 김춘추를 고구려와 일본에 보내기도 했지요.
귀족들이 여자 왕이라서 이웃 나라의 침공을 받는다며 난을 일으켰어요.

알쏭달쏭 바로알기

내용이 맞으면 ○표, 틀리면 X표를 하세요.

- 선덕 여왕의 이름은 덕만이고 진흥왕의 맏딸입니다. ( )
- 선덕 여왕은 여자였지만 성골이어서 왕이 됐습니다. ( )
- 선덕 여왕 때 분황사와 황룡사 9층 목탑을 지었습니다. ( )

역사 용어 정리하기

□□ □□은 신라 최초의 여왕입니다.

태종 무열왕

백제를 멸망시킨 신라의 왕입니다

이름은 김춘추입니다.
김유신과 더불어 삼국 통일의 발판을 마련했어요.
백제가 신라에 쳐들어오자 당나라를 통일 전쟁에 끌어들였습니다.
신라의 진덕 여왕이 죽자 진골로는 처음으로 왕이 되었어요.
왕이 된 뒤 백제를 공격해 백제를 멸망시켰습니다.
그러나 고구려 멸망 전에 죽어 삼국 통일을 보지는 못했습니다.

알쏭달쏭 바로알기

틀린 곳을 맞게 고쳐 쓰세요.

- 태종 무열왕의 이름은 김유신입니다. (　　　　　)
- 태종 무열왕은 수나라를 통일 전쟁에 끌어들였습니다. (　　　　　)
- 태종 무열왕은 성골로는 처음으로 왕이 되었습니다. (　　　　　)

역사 용어 정리하기

백제를 멸망시킨 신라의 왕은 □□ □□□입니다.

김유신

삼국 통일에 가장 공이 큰 신라의 장군입니다

금관가야의 마지막 왕인 구해왕(구형왕)의 후손입니다.
김춘추와 매우 친해 김춘추에게 여동생을 시집보냈고,
뒤에 김춘추가 왕이 되는 데 큰 힘을 보탰어요.
김유신은 백제와 고구려를 연이어 무너뜨리고, 당나라를 몰아냈어요.
김유신은 아들인 원술이 싸움에 지고서도 살아 돌아오자
평생 용서하지 않았을 정도로 나라를 먼저 생각했습니다.

알쏭달쏭 바로알기

틀린 곳을 맞게 고쳐 쓰세요.

- 김유신은 ~~대가야~~의 마지막 왕인 구해왕의 후손입니다. (　　　　　)
- 김유신은 백제와 ~~가야~~를 무너뜨리고, 당나라를 몰아냈습니다. (　　　　　)
- 김유신은 ~~김춘수~~가 왕이 되는 데 큰 힘을 보탰습니다. (　　　　　)

역사 용어 정리하기

삼국 통일에 가장 공이 큰 신라의 장군은 □□□입니다.

계백

백제를 지키려다 황산벌 싸움에서 전사한 장군입니다

신라와 당나라가 함께 백제를 멸망시키려고 대대적으로 쳐들어왔습니다.
계백은 군사 5,000명을 이끌고 황산벌(충청남도 논산)에서 신라군 5만 명과 맞섰어요.
계백이 이끄는 백제군은 죽기를 각오하고 싸워 신라군을 네 차례나 이겼지요.
그렇지만 신라의 화랑 관창이 홀로 백제군과 싸우다 죽자
신라군의 사기가 크게 올라 결국 백제군은 패배했어요.
계백은 전사하고 백제는 멸망의 길로 들어섰지요.

알쏭달쏭 바로알기

두 단어 중 맞는 것에 ○표 하세요.

- 계백은 (황산벌, 무진벌)에서 신라군 5만 명과 맞섰습니다.
- 신라의 화랑 (사다함, 관창)이 황산벌에서 홀로 백제군과 싸우다 죽었습니다.
- 황산벌 싸움에서 (백제, 신라)가 결국 패배했습니다.

역사 용어 정리하기

☐☐은 황산벌 싸움에서 전사한 백제의 장군입니다.

의자왕

백제의 마지막 왕입니다

무왕의 맏아들로, 부모님께 효도하고 형제 사이에 우애가 깊었다고 해요. 젊었을 때에는 나라를 잘 다스려 백성들에게 칭찬을 받았어요. 또한 신라의 대야성을 빼앗는 등 백제의 땅을 넓히려고 노력했지요. 나이가 들어서는 사치를 일삼고, 충신의 말을 듣지 않았어요. 결국 백제로 쳐들어온 신라와 당나라 연합군에 나라를 빼앗기고 말았지요. 당나라에 끌려가 그곳에서 죽었어요.

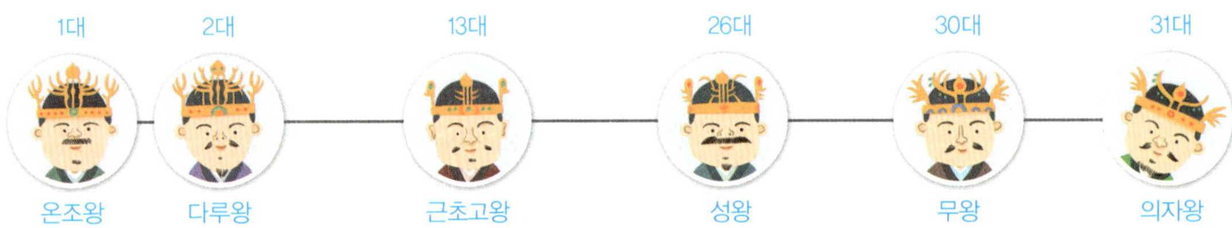

알쏭달쏭 바로알기

틀린 곳을 맞게 고쳐 쓰세요.

- 의자왕은 ~~성왕~~의 맏아들입니다. (　　　　)
- 의자왕은 나이가 들어서는 ~~간신~~의 말을 듣지 않았습니다. (　　　　)
- 백제가 멸망한 뒤 의자왕은 ~~신라~~로 끌려갔습니다. (　　　　)

역사 용어 정리하기

백제의 마지막 왕은 □□□입니다.

연개소문

당나라의 침입을 막아 낸 고구려의 정치가입니다

영류왕을 죽이고, 보장왕을 왕위에 올린 뒤 최고 실권자인 막리지가 되었어요.
당나라가 영류왕을 죽인 연개소문을 처벌한다는 구실로
몇 차례나 쳐들어왔지만 잘 막아 냈지요.
백제가 멸망한 뒤에는 당나라와 신라가 쳐들어왔지만 이 공격도 잘 막아 냈어요.
연개소문이 죽은 뒤에 동생, 아들들이 권력 투쟁을 벌여 고구려 멸망을 앞당겼어요.

알쏭달쏭 바로알기

틀린 곳을 맞게 고쳐 쓰세요.

- 연개소문은 부~~장~~왕을 왕위에 올리고 막리지가 됐습니다. (   )
- 연개소문은 수~~나~~라의 침입을 잘 막아 냈습니다. (   )
- 연개소문이 죽은 뒤에 동생, ~~딸~~들이 권력 투쟁을 벌였습니다. (   )

역사 용어 정리하기

□□□□은 당나라의 침입을 막아 냈습니다.

삼국 통일
매소성 전투
문무왕
흑치상지
안승
발해
대조영
무왕
상경성
온돌
골품제

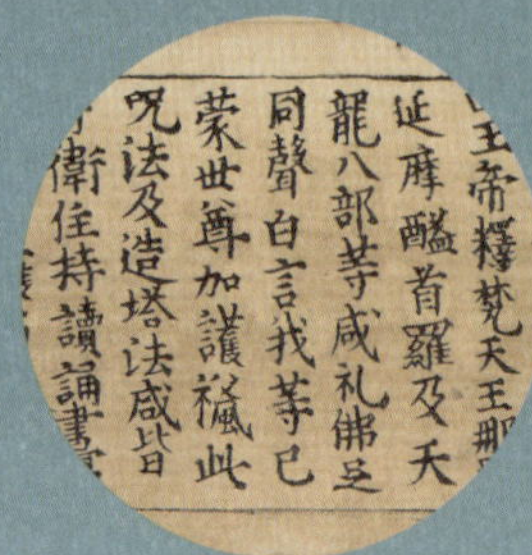

4

통일 신라와 발해

6두품
최치원
장보고
원효
석굴암
불국사
성덕 대왕 신종
경주 남산
안압지
무구 정광 대다라니경

통일 신라

삼국 통일

신라가 백제, 고구려를 멸망시키고 통일 국가를 이룬 일입니다

강국으로 성장한 신라는 당나라와 손잡고(나당 연합) 백제와 고구려를 무너뜨렸어요. 이어서 신라를 집어삼키려는 당나라를 한반도에서 몰아내고 삼국을 통일했지요. 삼국 통일로 신라는 한반도 대부분을 차지하고, 삼국의 백성들이 한 민족으로 발전할 수 있었어요. 그러나 아쉽게도 고구려의 영토 대부분을 잃어버렸습니다.

백제 + 고구려 + 신라 = 통일 신라

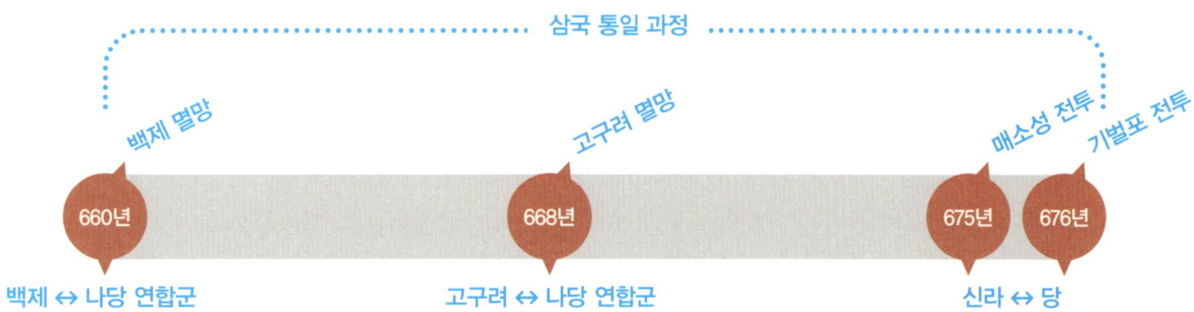

알쏭달쏭 바로알기

틀린 곳을 맞게 고쳐 쓰세요.

- 신라는 당나라와 손을 잡고 백제와 ~~발해~~를 무너뜨렸습니다. (　　　　　)
- 신라는 백제, 고구려를 무너뜨린 뒤 ~~수나라~~와 싸웠습니다. (　　　　　)
- 신라는 삼국 통일 이후 ~~백제~~ 영토 대부분을 잃어버렸습니다. (　　　　　)

역사 용어 정리하기

신라가 백제와 고구려를 멸망시키고 ☐☐ ☐☐을 이루었습니다.

매소성 전투

신라가 매소성에서 당나라에 이긴 전투입니다

당나라는 신라와 함께 백제와 고구려를 멸망시켰어요.
그리고 평양 이남 지역은 신라 영토로 약속했었지만 신라까지 삼키려고 했지요.
신라는 당나라와 전쟁을 벌여 매소성(경기도 연천) 전투에서 크게 승리했어요.
다음 해, 기벌포(금강 하구) 전투에서도 당나라 해군을 물리쳤지요.
이로써 7년 동안 당나라와 벌인 싸움에서 신라를 지키고 당나라를 쫓아낼 수 있었어요.

알쏭달쏭 바로알기

틀린 곳을 맞게 고쳐 쓰세요.

- 수나라는 백제와 고구려 멸망 후 신라까지 삼키려 했습니다. (　　　　　)
- 신라는 매소성과 제물포에서 당나라 군대에 이겼습니다. (　　　　　)
- 신라는 당나라와 2년 동안 싸워 당나라를 쫓아냈습니다. (　　　　　)

역사 용어 정리하기

□□□ 전투는 신라가 매소성에서 당나라에 이긴 전투입니다.

삼국 통일

문무왊

삼국 통일을 이룩한 신라의 왕입니다

이름은 법민으로, 태종 무열왕의 맏아들이자 김유신의 조카입니다.
김유신과 함께 백제를 무너뜨리는 데 큰 공을 세웠어요.
왕위에 올라서는 고구려를 멸망시키고 당나라를 몰아내 삼국 통일을 완수했지요.
당나라의 문물을 적극 받아들이고 신라의 제도를 정비했어요.
문무왕은 바다의 용이 되어 왜구를 막겠다며 동해에 묻어 달라고 유언했어요.
지금 경주 앞바다에 있는 대왕암이 문무왕의 무덤이라고 해요.

알쏭달쏭 바로알기

두 단어 중 맞는 것에 ○표 하세요.

- (문무왕, 성덕왕)이 삼국 통일을 완수했습니다.
- 문무왕은 (당나라, 일본)의 문물을 적극 받아들였습니다.
- 문무왕은 (서해, 동해)에 묻어 달라고 유언했습니다.

역사 용어 정리하기

삼국 통일을 이룩한 왕은 ☐☐☐입니다.

흑치상지

임존성에서 백제 부흥 운동을 벌였던 장군입니다

성은 흑치이고 이름은 상지예요.
백제 멸망 후 흑치상지는 임존성(충청남도 예산)에서 백제 부흥 운동을 이끌었어요.
그때 복신과 도침은 주류성(충청남도 서천)에서 왕자 부여풍을 왕으로 추대했지요.
흑치상지는 이들과 연합해 나당 연합군과 싸워 200여 성을 되찾기도 했어요.
백제 부흥 세력 사이에 싸움이 일어나자 흑치상지는 당나라에 항복한 뒤,
오히려 백제 세력을 공격해 백제 부흥 운동은 4년 만에 끝나요.

알쏭달쏭 바로알기

틀린 곳을 맞게 고쳐 쓰세요.

- 흑치상지는 의존성에서 백제 부흥 운동을 이끌었습니다. (　　　　)
- 복신과 도침은 우주성에서 부여풍을 왕으로 추대했습니다. (　　　　)
- 흑치상지는 신라에 항복하고, 백제 세력을 공격했습니다. (　　　　)

역사 용어 정리하기

□□□□는 임존성에서 백제 부흥 운동을 벌였습니다.

안승

고구려 부흥 운동 때 왕으로 추대된 고구려 왕족입니다

고구려가 멸망하자 고구려 곳곳에서 부흥 운동이 일어났어요.
한성(황해도 재령)에서는 검모잠이 고구려 왕족 안승을 왕으로 추대했지요.
그러나 안승과 검모잠이 다투다 안승이 검모장을 죽이고 신라로 투항했어요.
신라는 금마저(전라북도 익산)에 고구려 유민의 자치국인 보덕국을 만들고
안승을 왕으로 삼아 고구려 유민들과 함께 살게 했지요.
나중에 신라는 안승을 경주로 불러들였고, 보덕국은 없애 버렸어요.

안승을 비롯한 고구려 부흥 운동

알쏭달쏭 바로알기

틀린 곳을 맞게 고쳐 쓰세요.

- 검~~술~~장이 고구려 왕족 안승을 왕으로 추대했습니다. (   )
- 안승은 검모잠을 죽이고 당~~나~~라로 투항했습니다. (   )
- 신라는 고~~구려~~국을 만들고 안승을 왕으로 삼았습니다. (   )

역사 용어 정리하기

□□은 고구려 부흥 운동 때 왕으로 추대되었습니다.

발해

고구려 유민이 옛 고구려 땅에 옛 고구려 땅에 세운 나라입니다

고구려가 멸망하고 30년 뒤에 대조영이 고구려 유민과 말갈족을 모아 세웠어요.
처음 이름은 진이었다가 뒤에 발해로 바꾸었지요.
수도는 처음에 중국 지린성 둔화시 근처의 동모산에 자리 잡았는데,
그 뒤 여러 차례 옮겼어요.
고구려보다 넓은 영토를 차지했을 뿐만 아니라 문화도 발전해
동쪽에 있는 융성한 나라라는 뜻의 '해동성국'이라고 불렸지요.
발해는 거란족이 세운 요나라에 멸망당했어요.

알쏭달쏭 바로알기

내용이 맞으면 ○표, 틀리면 X표를 하세요.

- 발해는 대조영이 고구려 유민과 거란족을 모아 세웠습니다. ( )
- 발해는 해동성국이라 불렸습니다. ( )
- 발해는 거란족이 세운 금나라에 멸망당했습니다. ( )

역사 용어 정리하기

고구려 유민이 옛 고구려 땅에 ☐☐를 세웠습니다.

대조영

발해를 세운 고왕입니다

원래 고구려 사람이었는데, 고구려가 망하자 나라를 잃은 유민이 되었어요.
고구려를 멸망시킨 당나라는 고구려 땅 사람들을 강제로
당나라의 여러 곳으로 옮겨 살게 했어요.
대조영은 아버지 걸걸중상과 함께 랴오허 강 서쪽으로 가야 했지요.
당나라에 맞선 반란이 일어나자 그 틈을 타 아버지와 함께
고구려 유민과 말갈족을 이끌고 동쪽으로 떠났어요.
대조영은 뒤쫓는 당나라 군대를 물리치고 동모산 근처에 발해를 세웠어요.

알쏭달쏭 바로알기

틀린 곳을 맞게 고쳐 쓰세요.

- 대조영은 ~~신라~~ 사람이었는데, 나라가 망해 유민이 되었습니다. (   )
- ~~수나라~~는 고구려 사람들을 강제로 옮겨 살게 했습니다. (   )
- 대조영은 ~~백두산~~ 근처에 발해를 세웠습니다. (   )

역사 용어 정리하기

□□□이 발해를 세웠습니다.

무왕

당나라와 싸우며 영토를 넓힌 발해의 2대 왕입니다

이름은 대무예이며 발해를 세운 대조영의 아들이에요.
발해의 영토를 크게 넓히고 일본과 교류를 시작했어요.
발해 북쪽에 있는 흑수말갈이 당나라와 손을 잡자
무왕은 산둥반도에 있는 덩저우를 점령했어요.
당나라는 신라와 연합하여 발해를 공격했지만 발해의 기세를 꺾지 못했어요.
무왕은 랴오허강 서쪽에 있는 마도산을 공격해 발해의 힘을 과시하기도 했지요.

알쏭달쏭 바로알기

틀린 곳을 맞게 고쳐 쓰세요.

- 무왕은 ~~대무신~~의 아들입니다. (　　　　　)
- 무왕은 중국 ~~수나라~~와 맞섰습니다. (　　　　　)
- 당나라는 ~~백제~~와 연합해 발해를 공격했습니다. (　　　　　)

역사 용어 정리하기

☐☐은 발해의 2대 왕으로, 당나라와 싸우며 영토를 넓혔습니다.

상경성

가장 오랫동안 발해의 수도였던 도시입니다

지금의 중국 헤이룽장성 닝안 일대예요.
발해는 영토가 아주 넓어서 5경이라 하여 도읍지를 5곳에 두었죠.
수도가 몇 번 바뀌었는데 상경성이 가장 오랜 기간 도읍지였어요.
상경성은 당나라의 수도인 장안성을 본떠 계획적으로 건설했어요.
바둑판 모양으로 도시를 만든 뒤 외성을 쌓았죠.
그 안에 내성이 있었고, 내성 안에 궁궐을 두었어요.

알쏭달쏭 바로알기

두 단어 중 맞는 것에 ○표 하세요.

• 발해는 영토가 넓어서 도읍지를 (다섯, 세) 곳에 두었습니다.

• 가장 오랜 기간 동안 발해의 수도였던 곳은 (상경성, 중경성)입니다.

• 상경성은 (당나라, 원나라)의 수도인 장안성을 본떠 건설했습니다.

역사 용어 정리하기

□□□은 가장 오랫동안 발해의 수도였습니다.

온돌

아궁이에 불을 때 바닥을 데우는 전통 난방 시설입니다

우리 민족은 오래전부터 온돌을 사용했는데, 특히 고구려에서 발달했어요.
온돌은 방에 불길을 내고, 그 위에 얇은 돌을 놓고 흙을 발라 바닥을 만들어요.
그런 다음 아궁이에 불을 지피면 돌이 따뜻해지지요.
온돌은 연료가 적게 들고, 연기와 재도 날리지 않아서 좋아요.
상경성을 비롯해서 옛 발해 땅 곳곳에서 온돌이 발견됐어요.
이를 통해 발해가 고구려를 계승한 나라라는 것을 알 수 있지요.

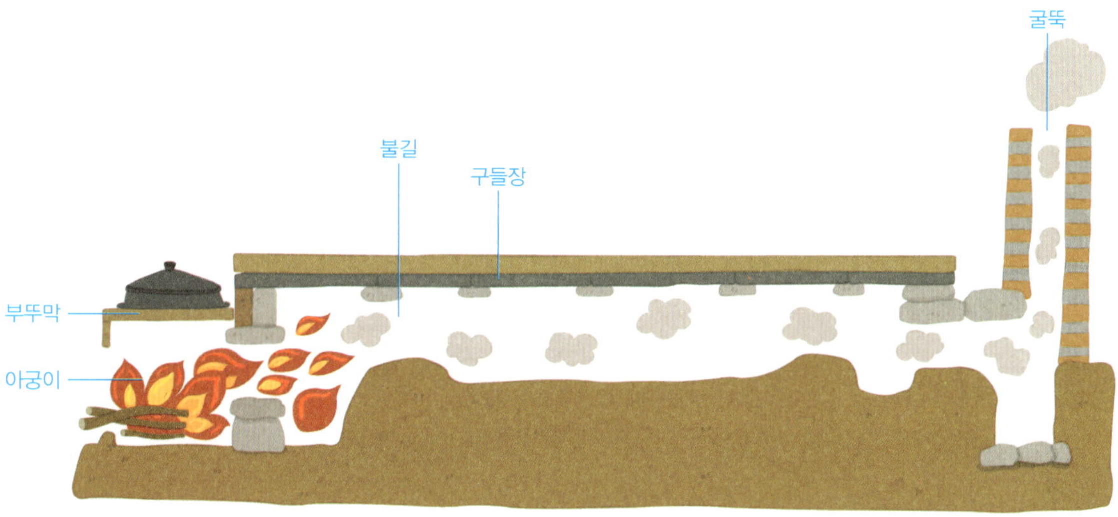

알쏭달쏭 바로알기

틀린 곳을 맞게 고쳐 쓰세요.

- 온돌은 전통 ~~냉방~~ 시설입니다. (　　　　　)
- 삼국 중 ~~백제~~에서 온돌이 발달했습니다. (　　　　　)
- 발해 땅 곳곳에서 ~~벽난로~~가(이) 발견되었습니다. (　　　　　)

역사 용어 정리하기

□□은 아궁이에 불을 때 바닥을 데우는 전통 난방 시설입니다.

골품제

혈통에 따라 차등을 두었던 신라의 신분 제도입니다

신라는 신분을 크게 '골'과 '두품'으로 나누었는데, 이를 합쳐 골품이라고 해요.
골에는 성골, 진골이 있었고, 두품은 6두품에서 1두품까지 있었어요.
처음엔 성골만 왕이 되었으나 성골이 사라지면서 진골도 왕이 되었죠.
지방에 살거나 경주에 사는 천민은 두품도 없었어요.
골품에 따라 벼슬, 집 크기, 옷의 종류와 색깔,
수레나 그릇의 종류까지 정해져 있었지요.

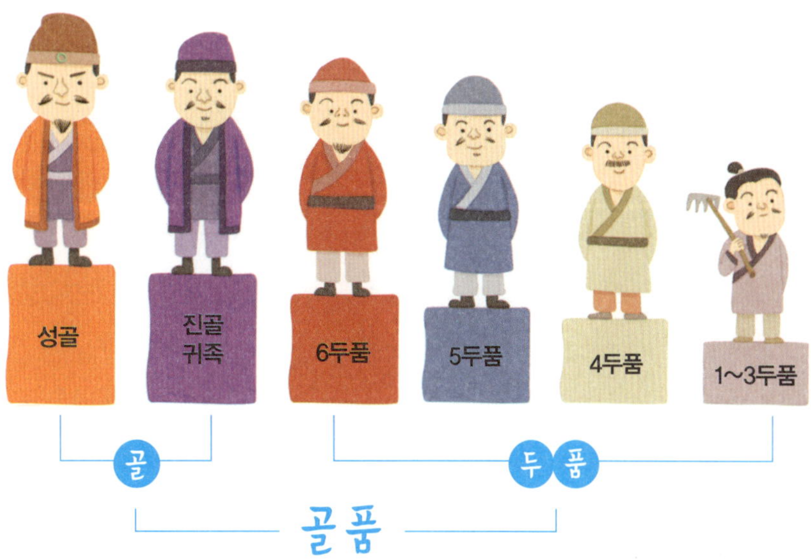

알쏭달쏭 바로알기

틀린 곳을 맞게 고쳐 쓰세요.

- 골과 ~~두족~~을 합쳐 골품이라고 합니다. (   )
- 골에는 성골과 ~~왕골~~이 있었습니다. (   )
- ~~나이~~에 따라 벼슬, 옷 색깔까지 정해져 있었습니다. (   )

역사 용어 정리하기

☐☐☐는 혈통에 따라 차등을 두었던 신라의 신분 제도입니다.

6두품

골품제에서 두품 중 가장 높은 등급에 있던 신분입니다

6두품은 두품 중에서 가장 높은 등급으로, 얻기 힘들다는 뜻으로 '득난'이라고도 해요.
총 17등급인 관리의 등급에서 6등급까지 오를 수 있었고,
벼슬은 오늘날의 차관 정도까지 오를 수 있었어요.
6두품이 관리로 출세하려면 학식이 높아야 해서 학문에 뛰어난 6두품이 많아요.
원효, 강수, 설총, 최치원 등이 6두품이지요.
하지만 실력이 뛰어나도 골품제의 벽에 막혀 불만을 품거나 세상을 등진 사람도 있었죠.

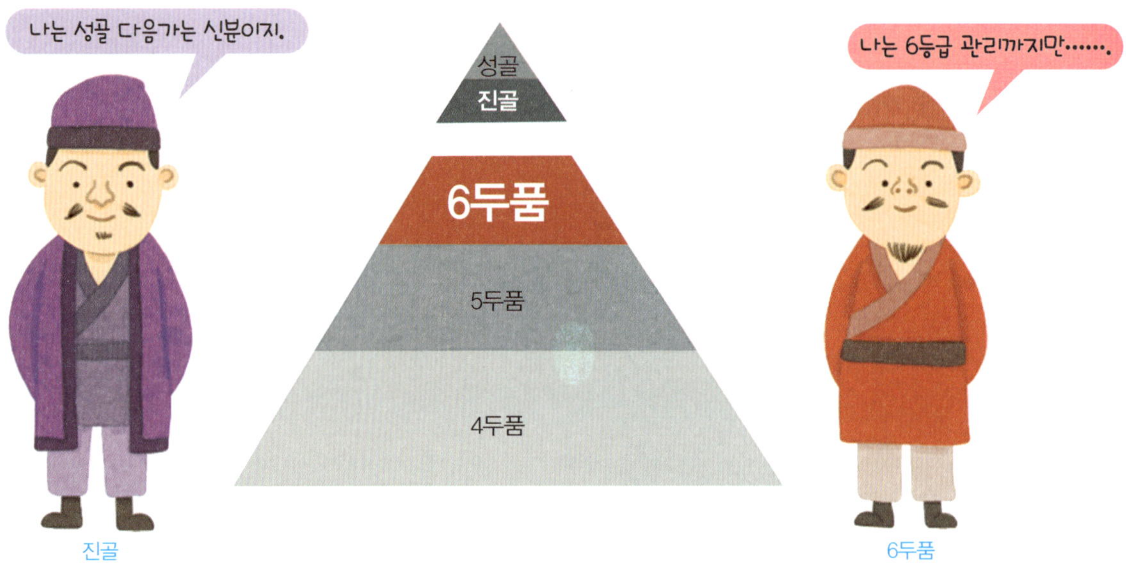

알쏭달쏭 바로알기

내용이 맞으면 ○표, 틀리면 X표를 하세요.

- 6두품은 두품 중에서 가장 낮은 등급입니다. ( )
- 6두품이 관리로 출세하려면 학식이 높아야 했습니다. ( )
- 6두품은 실력이 뛰어나도 골품제의 벽에 막혀 불만을 품었습니다. ( )

역사 용어 정리하기

두품 중에서 가장 높은 신분은 ☐☐☐입니다.

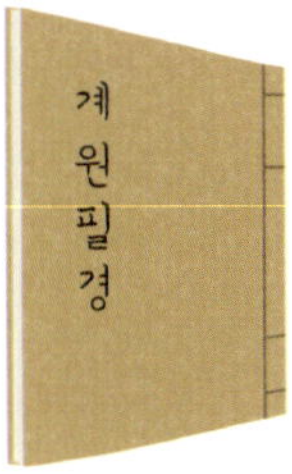

최치원

신라를 개혁하려고 한 통일 신라 말의 학자입니다

6두품 출신으로, 어린 나이에 유학을 떠나 당나라 과거에 급제했어요.
당나라 관리로 있을 때 반란을 일으킨 황소를 꾸짖는 글을 써 이름을 높였지요.
신라로 돌아와서 혼란한 나라를 바로잡고자 시무 10여 조의 개혁안을 올렸지만
진골이 아니어서 뜻을 펼칠 수가 없었어요.
신라의 정치에 실망한 뒤 벼슬을 그만두고 여기저기 떠돌다가 죽었어요.
최치원의 시와 글을 모은 책 《계원필경》이 있어요.

알쏭달쏭 바로알기

틀린 곳을 맞게 고쳐 쓰세요.

- 최치원은 ~~진골~~ 출신으로, 당나라 과거에 합격했습니다. (　　　　)
- 최치원은 ~~백제~~로 돌아와서 나라를 바로잡으려고 했습니다. (　　　　)
- 최치원이 지은 책은 《~~어우야담~~》입니다. (　　　　)

역사 용어 정리하기

□□□은 신라를 개혁하려고 한 통일 신라 말의 학자입니다.

장보고

청해진을 건설한 통일 신라 말의 장군입니다

평민 출신으로, 본래 이름은 궁복 또는 궁파입니다.
활을 잘 쏘는 사람이라는 뜻이지요.
일찍이 당나라로 건너가 당나라 지방의 장교로 출세했어요.
그때에는 해적들이 신라 사람들을 잡아다 당나라에 노비로 팔아먹는 일이 많았어요.
장보고는 신라로 돌아와 청해진(완도)에 해군 기지를 건설하여 해적을 소탕했지요.
또한 당나라와 일본을 오가는 국제 무역으로 큰돈을 벌었어요.
힘이 커진 장보고는 딸을 왕비로 만들려다 암살당하고 말았어요.

알쏭달쏭 바로알기

틀린 곳을 맞게 고쳐 쓰세요.

- 장보고는 원나라로 건너가 장교로 출세했습니다. (   )
- 장보고는 청산도에 해군 기지를 짓고 해적을 소탕했습니다. (   )
- 장보고는 당나라와 태국을 오가는 국제 무역을 했습니다. (   )

역사 용어 정리하기

□□□는 청해진을 건설한 통일 신라 말의 장군입니다.

원효

불교를 일반 백성에게 널리 알린 신라의 승려입니다

6두품으로 이두를 집대성한 설총의 아버지예요.
일찍이 승려가 되었는데, 의상과 당나라로 유학을 떠나다가
모든 것은 마음에 달렸다는 것을 깨닫고 되돌아왔지요.
그때 불교는 왕족과 귀족들이 주로 믿었어요.
원효는 보통 사람도 가르침을 잘 따르면 부처가 될 수 있다며
승려의 신분을 버리고 춤추고 노래하며 백성들에게 불교를 널리 알렸어요.

알쏭달쏭 바로알기

두 단어 중 맞는 것에 ○표 하세요.

- 원효는 모든 것은 (얼굴, 마음)에 달렸다는 것을 깨달았습니다.
- 원효는 (보통, 특별한) 사람도 부처가 될 수 있다고 했습니다.
- 원효는 춤추고 노래하며 (귀족, 백성)들에게 불교를 널리 알렸습니다.

역사 용어 정리하기

□□는 불교를 일반 백성에게 널리 알린 신라의 승려입니다.

석굴암

통일 신라 때 경주 토함산에 지은 석굴 모양의 절입니다

김대성이 경덕왕의 뜻을 받들어 세운 절이에요.
인도의 자연 석굴처럼 만들려고 300여 개의 돌을 짜 맞춰 만든 인공 석굴이지요.
굴 가운데 석가모니를 조각한 본존불이 있고 둘레에 여러 불상이 조각되어 있어요.
석굴암은 인공 석굴이라는 건축학적 가치와 빼어난 아름다움을 지닌 불교 예술의 걸작이에요.
자랑스러운 국보이자 유네스코 세계 문화유산이랍니다.

알쏭달쏭 바로알기

틀린 곳을 맞게 고쳐 쓰세요.

- 석굴암은 300여 개의 돌을 짜 맞춘 자연 석굴입니다. (   )
- 석굴암 가운데에는 아미타여래를 조각한 본존불이 있습니다. (   )
- 석굴암은 유네스코 세계 자연 유산입니다. (   )

역사 용어 정리하기

☐☐☐은 통일 신라 때 경주 토함산에 지은 석굴 모양의 절입니다.

불국사

통일 신라 때 경주 토함산 기슭에 지은 절입니다

불국사는 '불국'이라는 말 그대로 '부처의 나라'를 표현한 절입니다.
신라 사람들이 생각하는 부처의 나라를 신라 땅에 건설한 거지요.
불국사를 짓는 데 30여 년이나 걸려서 창건자 김대성도 완공을 보지 못했어요.
석조 건축물과 목조 건축물이 어우러진 독창적이면서도
화려하고 장엄한 건축물이지요. 또한 대웅전 앞에 있는 석가탑(경주 불국사 3층 석탑)과
다보탑은 신라 장인들의 뛰어난 솜씨를 잘 보여 주어요.

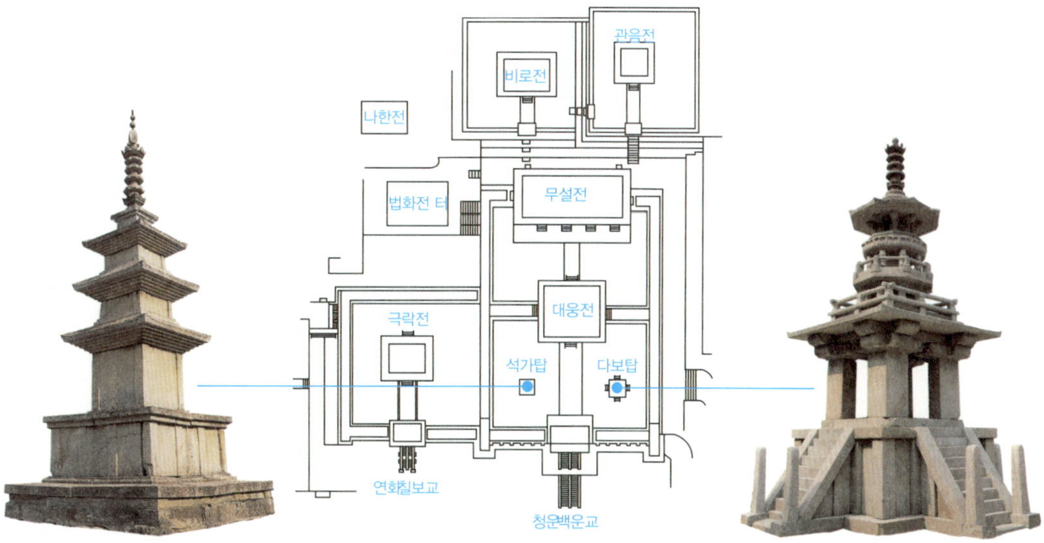

불국사의 건물 배치

알쏭달쏭 바로알기

틀린 곳을 맞게 고쳐 쓰세요.

- 불국사는 ~~공자~~의 나라를 표현한 절입니다. (　　　　　　)
- 불국사의 창건자는 ~~김우빈~~입니다. (　　　　　　)
- ~~부처탑~~과 다보탑은 신라 장인의 뛰어난 솜씨를 잘 보여 줍니다. (　　　　　　)

역사 용어 정리하기

□□□는 통일 신라 때 경주 토함산 기슭에 지은 절입니다.

성덕 대왕 신종

통일 신라 때 만든 우리나라에서 가장 큰 종입니다

경덕왕이 아버지 성덕왕의 명복을 빌려고 만들기 시작해
경덕왕의 아들 혜공왕이 완성하고 성덕 대왕 신종이라고 이름 지었어요.
처음 봉덕사에 달았기 때문에 봉덕사종이라고도 하지요.
종을 완성하려고 어린아이를 쇳물에 넣었다는 이야기가 전해지며,
종소리가 엄마를 찾는 아이의 울음소리를 닮아서 에밀레종이라고도 해요.
종소리가 신비하고 종의 모양과 조각이 아름다워 뛰어난 예술품으로 꼽혀요.

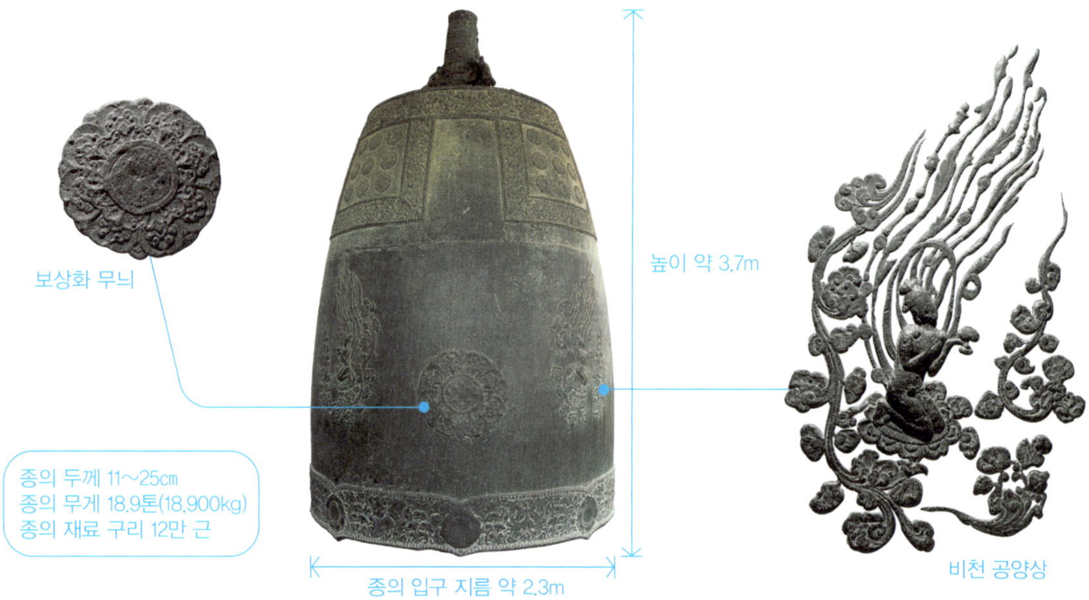

알쏭달쏭 바로알기

내용이 맞으면 ○표, 틀리면 X표를 하세요.

- 성덕 대왕 신종은 혜공왕이 만들기 시작했습니다. ( )
- 성덕 대왕 신종은 에밀레종이라고도 합니다. ( )
- 성덕 대왕 신종은 봉덕사종이라고도 합니다. ( )

역사 용어 정리하기

□□ □□ □□은 통일 신라 때 만든 우리나라에서 가장 큰 종입니다.

경주 남산

불교 문화유산이 많이 있는 경주 남쪽의 산입니다

신라의 수도였던 경주는 도시 전체가 박물관이라고 할 만큼 문화유산이 많아요. 그중 경주 남산에는 수많은 불교 유적과 문화유산이 남아 있지요. 신라 사람들은 경주 남산 골짜기마다 절을 세우고, 바위에는 불상을 새겼어요. 칠불암, 용장사 터 3층 석탑, 상선암 마애 대좌불 등이 남아 있지요. 경주 남산은 신라 사람들이 불교를 얼마나 숭상했는지 알 수 있는 곳이에요.

알쏭달쏭 바로알기

틀린 곳을 맞게 고쳐 쓰세요.

- 경주는 ~~가야~~ 시대의 문화유산이 많이 남아 있습니다. (　　　　　)
- 경주 남산에는 ~~유교~~ 유적과 문화유산이 많습니다. (　　　　　)
- 신라 사람들은 남산 골짜기마다 ~~교회~~를(을) 세웠습니다. (　　　　　)

역사용어 정리하기

경주 남쪽에 있는 □□ □□에는 불교 문화유산이 많이 남아 있습니다.

안압지

통일 신라 때 경주 월성 동북쪽에 있던 연못입니다

기러기(안雁)와 오리(압鴨)가 있는 연못(지池)이라는 뜻이에요.
문무왕이 궁궐 안에 만들어 연회를 하던 곳이에요.
이곳에 태자가 거처하는 동궁이 있었어요.
본래 이름은 달 연못이라는 뜻의 '월지'였을 것으로 추정해요.
안압지는 신라 멸망 후 폐허가 된 이곳에 기러기와 오리가 날아와서 붙은 이름이에요.
물속에서 신라 사람들의 생활 모습을 알 수 있는 유물이 많이 나왔어요.

초 심지를 자르는 가위

14면 주사위

문고리 장식

알쏭달쏭 바로알기

틀린 곳을 맞게 고쳐 쓰세요.

- 안압지는 기러기와 오리가 있는 강이라는 뜻입니다. (　　　　　　)
- 안압지는 화성 동북쪽에 있었습니다. (　　　　　　)
- 안압지의 원래 이름은 별지였을 것으로 추정합니다. (　　　　　　)

역사 용어 정리하기

□□□는 경주 월성 동북쪽에 있는 통일 신라 때 연못입니다.

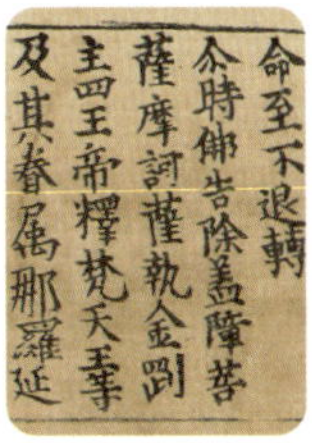

무구 정광 대다라니경

통일 신라 때 만든 세계에서 가장 오래된 목판 인쇄물입니다

티 없이 순수하고(무구無垢) 깨끗한 빛(정광淨光)을 담은
큰(대大) 주문(다라니陀羅尼)이 들어 있는 경전(경經)이란 뜻이에요.
1966년에 불국사 석가탑을 수리하면서 발견했지요.
김대성이 불국사 석가탑을 세울 무렵에 인쇄된 것으로 추정해요.
그러니까 1260년이 넘은 인쇄물이지요.
무구 정광 대다라니경에는 죄를 씻고 수명을 연장하려면 주문을 외우고
탑을 만들어 그 속에 이 경전을 넣어야 한다는 내용이 적혀 있어요.

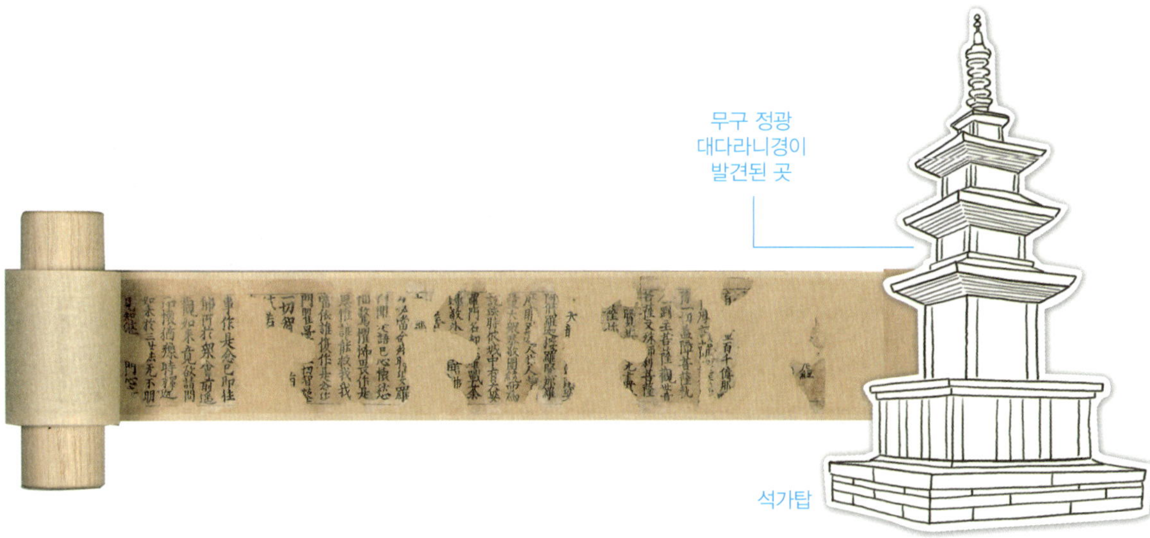

알쏭달쏭 바로알기

두 단어 중 맞는 것에 ○표 하세요.

- 무구 정광 대다라니경은 (다보탑, 석가탑)을 수리하면서 발견했습니다.
- 무구 정광 대다라니경이 (인쇄, 발견)된 것은 석가탑이 세워진 무렵입니다.
- 무구 정광 대다라니경은 1260년이 넘은 (인쇄물, 벽화)로 추정합니다.

역사 용어 정리하기

□□ □□ □□□□□은 세계에서 가장 오래된 목판 인쇄물입니다.

정 답

1 선사 시대

7p 선사, 고고학자, 청동기 | 선사 시대
8p 구석기, 석기, 사냥 | 구석기 시대
9p 구석기, 주먹도끼, 주먹 | 뗀석기
10p 뗀석기, 구석기, 불 | 점말 동굴
11p 주먹도끼, 구석기, 전곡리 | 주먹도끼
12p ×, ○, × | 신석기 시대
13p 돌, 농사, 갈판 | 간석기
14p 신석기, 빗살무늬, 강가 | 빗살무늬 토기
15p 가락바퀴, 가락, 옷 | 가락바퀴
16p 돌, 갈돌, 신석기 | 갈판
17p 움집, 움집, 화덕 | 움집
18p ×, ○, ○ | 암사동
19p 청동기, 계급, 울타리(담) | 청동기
20p 구리, 석기, 장신구 | 청동기
21p 없는, 높은, 평평하고 | 민무늬 토기
22p 반달, 돌, 석기 | 반달 돌칼
23p 반구대, 고래, 암각화 | 반구대 바위그림

2 고조선과 여러 나라

25p 조선, 청동기, 한나라 | 고조선
26p 제사장, 지배자, 웅녀 | 단군왕검
27p 이롭게, 구름, 가치 | 홍익인간
28p 노비, 8, 고조선 | 8조법
29p 고인돌, 기둥돌, 바둑판 | 고인돌
30p ×, ○, ○ | 비파형 동검
31p 민무늬, 미송리, 고조선 | 미송리 토기
32p 청동기, 벼(쌀), 벼농사(쌀농사) | 송국리
33p 단단합니다, 농산물, 고조선 | 철기 시대
34p 한나라, 한사군(한군현), 고구려 | 낙랑군
35p 영고, 순장, 백제 | 부여
36p ○, ×, ○ | 옥저
37p 진한, 북부, 무천 | 동예
38p 남쪽, 마한, 철 | 삼한
39p 천군, 소도, 솟대 | 소도

3 삼국과 가야

41p 압록강, 평양성, 당나라 | 고구려
42p 부여, 알, 고구려 | 주몽
43p 한강, 위례성, 일본 | 백제
44p 주몽, 비류, 위례성 | 온조
45p 경주, 지증왕, 문무왕 | 신라
46p ×, ○, ○ | 서라벌
47p 박, 거서간, 박혁거세 | 박혁거세
48p 왕(임금), 무당, 이 | 거서간
49p 금관가야, 신라, 철 | 가야
50p 삼국유사, 금관가야, 김해 | 김수로
51p 구지봉, 거북(거북이), 구지가 | 구지가
52p ○, ×, ○ | 난생 설화
53p 백제, 일본, 서기 | 근초고왕
54p 고구려, 불교, 태학 | 소수림왕
55p 소수림왕, 만주, 땅 | 광개토 대왕
56p 평양성, 한강, 장수왕 | 장수왕

57p 신라, 왕, 우산국 | 지증왕
58p ○, ×, ○ | 진흥왕
59p 고국천왕, 을파소, 고려 | 진대법
60p 나라(국가), 만장일치, 왕(임금) | 화백 회의
61p 낭도, 단체, 오계 | 화랑도
62p 신라, 법흥왕, 불교 | 이차돈
63p 장수왕, 고구려, 4 | 광개토 대왕릉비
64p ○, ×, ○ | 장군총
65p 돌, 벽, 고구려 | 고분 벽화
66p 벽돌, 묘지석, 백제 | 무령왕릉
67p 바위, 부처, 백제 | 마애여래 삼존상
68p 향, 연꽃, 부여 | 금동 대향로
69p 천마총, 말다래, 신라 | 천마도
70p ×, ○, ○ | 첨성대
71p 금관총, 옥돌, 황금(금) | 금관총
72p 가실왕, 가야금, 현악기 | 가야금
73p 박사, 천자문, 일본 | 박사
74p 백제, 유학, 태자 | 왕인
75p 고구려, 일본, 종이 | 담징
76p ○, ○, × | 미륵보살 반가 사유상
77p 선덕 여왕, 돌, 3 | 분황사 석탑
78p 미륵사, 석탑, 목조 | 미륵사지 석탑
79p 청천강, 수나라, 을지문덕 | 살수 대첩
80p 시, 수나라, 우중문 | 여수장우중문
81p 태종, 요동, 안시성 | 안시성
82p ×, ○, ○ | 선덕 여왕
83p 김춘추, 당나라, 진골 | 태종 무열왕
84p 금관가야, 고구려, 김춘추 | 김유신
85p 황산벌, 관창, 백제 | 계백
86p 무왕, 충신, 당나라 | 의자왕
87p 보장왕, 당나라, 아들 | 연개소문

4 통일 신라와 발해

89p 고구려, 당나라, 고구려 | 삼국 통일
90p 당나라, 기벌포, 7 | 매소성
91p 문무왕, 당나라, 동해 | 문무왕
92p 임존성, 주류성, 당나라 | 흑치상지
93p 검모잠, 신라, 보덕국 | 안승
94p ×, ○, × | 발해
95p 고구려, 당나라, 동모산 | 대조영
96p 대조영(고왕), 당나라, 신라 | 무왕
97p 다섯, 상경, 당나라 | 상경성
98p 난방, 고구려, 온돌 | 온돌
99p 두품, 진골, 골품 | 골품제
100p ×, ○, ○ | 6두품
101p 6두품, 신라, 계원필경 | 최치원
102p 당나라, 청해진, 일본 | 장보고
103p 마음, 보통, 백성 | 원효
104p 인공, 석가모니, 문화유산 | 석굴암
105p 부처, 김대성, 석가탑 | 불국사
106p ×, ○, ○ | 성덕 대왕 신종
107p 신라, 불교, 절 | 경주 남산
108p 연못(못), 월성, 월지 | 안압지
109p 석가탑, 인쇄, 인쇄물 | 무구 정광 대다라니경

찾아보기

고구려
가야
신라
백제

고구려
가야
신라
백제

______________의 **한국사 공부 체크 리스트**

교과서가 쉬워지는 **용어 한국사 600**으로 공부한 주제에 ✓를 합니다.

- [x] 선사 시대
- [ ] 구석기 시대
- [ ] 뗀석기
- [ ] 점말 동굴
- [ ] 주먹도끼
- [ ] 신석기 시대
- [ ] 간석기
- [ ] 빗살무늬 토기
- [ ] 가락바퀴
- [ ] 갈판
- [ ] 움집
- [ ] 서울 암사동 유적
- [ ] 청동기 시대
- [ ] 청동기
- [ ] 민무늬 토기
- [ ] 반달 돌칼
- [ ] 울산 반구대 바위그림
- [ ] 고조선
- [ ] 단군왕검
- [ ] 홍익인간
- [ ] 8조법
- [ ] 고인돌
- [ ] 비파형 동검
- [ ] 미송리식 토기
- [ ] 부여 송국리 유적
- [ ] 철기 시대
- [ ] 낙랑군
- [ ] 부여
- [ ] 옥저
- [ ] 동예
- [ ] 삼한
- [ ] 소도
- [ ] 고구려
- [ ] 주몽
- [ ] 백제
- [ ] 온조
- [ ] 신라
- [ ] 서라벌
- [ ] 박혁거세
- [ ] 거서간
- [ ] 가야
- [ ] 김수로
- [ ] 구지가
- [ ] 난생 설화
- [ ] 근초고왕
- [ ] 소수림왕
- [ ] 광개토 대왕
- [ ] 장수왕
- [ ] 지증왕
- [ ] 진흥왕
- [ ] 진대법
- [ ] 화백 회의
- [ ] 화랑도
- [ ] 이차돈
- [ ] 광개토 대왕릉비
- [ ] 장군총
- [ ] 고구려 고분 벽화
- [ ] 무령왕릉
- [ ] 서산 용현리 마애여래 삼존상
- [ ] 백제 금동 대향로
- [ ] 천마도
- [ ] 경주 첨성대
- [ ] 금관총
- [ ] 가야금
- [ ] 백제 박사
- [ ] 왕인
- [ ] 담징
- [ ] 금동 미륵보살 반가 사유상
- [ ] 분황사 석탑
- [ ] 미륵사지 석탑
- [ ] 살수 대첩
- [ ] 여수장우중문
- [ ] 안시성 전투
- [ ] 선덕 여왕
- [ ] 태종 무열왕
- [ ] 김유신
- [ ] 계백
- [ ] 의자왕
- [ ] 연개소문
- [ ] 삼국 통일
- [ ] 매소성 전투
- [ ] 문무왕
- [ ] 흑치상지
- [ ] 안승
- [ ] 발해
- [ ] 대조영
- [ ] 무왕
- [ ] 상경
- [ ] 온돌
- [ ] 골품제
- [ ] 6두품
- [ ] 최치원
- [ ] 장보고
- [ ] 원효
- [ ] 석굴암
- [ ] 불국사
- [ ] 성덕 대왕 신종
- [ ] 경주 남산
- [ ] 안압지
- [ ] 무구 정광 대다라니경